リクルートOBのすごいまちづくり 2

SRRIかもめ地域創生研究所

CAPエンタテインメント

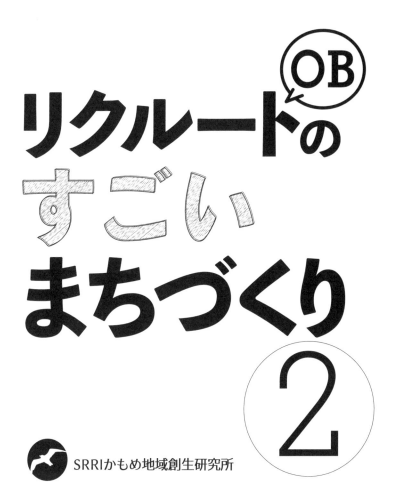

はじめに

　２０１７年にリクルートのＯＢ・ＯＧが参画する「かもめ地域創生研究所」を設立した。日本に優れた政治家を輩出する支援をするとともに、政策シンクタンクとして、また現場の担い手として、全国各地でメンバーが活躍している。その熱い奮闘ぶりを多くの人に伝え、成功事例をさらに拡げていきたいとの想いで２０１９年に書籍としてまとめたのが「リクルートＯＢのすごいまちづくり」だ。おかげさまで地方自治体や議員、まちづくり団体などにも評価をいただき、協働の申し出やコンサルティング、研修講師の紹介など幅広く動きが出始めている。

　３４５名だったメンバーも現在４００名を超え、新しい事例も日々増えてきている。そんな中、続編の刊行が決定。本書には留学やＮＰＯ支援、ＤＭＯ、話題のＩＲ、移住施策など、前作にも増して幅広い分野の担い手が執筆し、あらためてリクルートＯＢ・ＯＧの活動範囲の広さを我々自身が認識することとなった。

また、２０１９年に行われた統一地方選挙にはさまざまな政党から９名が立候補し、８名が当選。地方議員という側面から議会改革やまちづくりを推進するエンジンになってくれることを期待している。

かくいう私も、２０１９年から兵庫県川西市の行財政改革審議員やＨＢＭＳ（広島ビジネス＆マネジメントスクール：ＭＢＡ）で「地域ブランド戦略とデザインマネジメント」というテーマで講義をしながら、２０２１年４月開校予定の新大学「広島県立叡啓大学」の設立支援をし、大学教育の再構築にチャレンジしようと思っている。

日本の未来を憂う声は多いが、ピンチの時こそ変革のチャンスであり、やりがいは満点。みんなが心をひとつにして大きな課題に立ち向かう絶好のタイミングだ。夜明け前が一番暗い。ここを乗り切って、日本の夜明けを迎えるために今日もポジティブ全開で１センチずつ前に進んでいこうと思う。

かもめ地域創生研究所　理事
株式会社ＣＡＰ　代表取締役　樫野孝人

第2話

民間から118億円の寄附を集めた「トビタテ！留学JAPAN」という人づくり
～文部科学省による官民協働プロジェクトというチャレンジ～

荒畦 悟
文部科学省　官民協働海外留学創出プロジェクト
「トビタテ！留学JAPAN」プロジェクトマネジャー

第3話

持続可能な地域を支える人材育成
～クリエイティブラーニングスパイラルを地域に作り出す～　55

赤井友美
一般社団法人子供教育創造機構　理事

第4話

藤代　聡　株式会社ママスクエア　代表取締役

第8話

まちづくりの文脈に見るＩＲの役割
～ＩＲ導入の背景と大阪・夢洲における課題～

勝見博光
株式会社グローバルミックス　代表取締役ＣＥＯ
公益財団法人大阪観光局　大阪観光アドバイザー（観光まちづくり分野）
大阪府立大学　客員研究員

第９話

山田一誠　沖縄市観光物産振興協会　事務局長

第11話

「観光地経営とは何なのか？」問い続けた先に見えたもの
～日本版ＤＭＯのフロントランナーとして走り抜けた3年半の軌跡～

村橋克則　大正大学　地域構想研究所　教授

第12話

［特別寄稿］

「地域課題解決のための良質で戦略的な官民連携の手法 ガバメント・リレーションズ（ＧＲ）」

～日本版ＧＲが必要とされる背景とその概要～　235

吉田雄人

前横須賀市長
Glocal Government Relationz 株式会社　代表取締役

第1話

イケてる教育委員会の創り方

～カタい教育委員会をクリエイティブに～

平川理恵

広島県教育委員会　教育長

平川 理恵

（ひらかわ りえ）

Profile

Rie Hirakawa

京都市生まれ。同志社大学卒業後、1991年に株式会社リクルート入社。人材総合サービス事業部渋谷営業所、千代田営業所で企業の新卒・中途採用の営業を担当。1997年にリクルートより企業派遣生として南カリフォルニア大学（University of Southern California）へ大学院留学。1998年MBA（経営学修士）取得し帰国。学び事業部へ異動。高校生対象の大学情報誌の営業担当。1999年に株式会社リクルートを退職し、留学仲介会社を起業。10年間黒字経営。2009年に事業売却。2010年に公募で全国初の女性公立中学校民間人校長として横浜市立市ヶ尾中学校に着任。2015年に横浜市立中川西中学校長に着任。その間、文部科学省中央教育審議会各委員を歴任し、新学習指導要領改訂作業に携わる。2018年4月、広島県教育委員会教育長に就任。内閣官房教育再生実行会議高校改革ワーキンググループ委員も務める。著書に『クリエイティブな校長になろう　～新学習指導要領を実現する校長のマネジメント』（教育開発研究所）、『あなたの子供が「自立」した大人になるために』（世界文化社）など。

リクルートで培った「新しい価値の創造」「個の尊重」「社会への貢献」

20代の時、リクルートで培われた価値観や職業観は、その後どんな艱難辛苦の状況にあっても立ち向かっていくという気概を作り出してくれたと思っています。

私は、就職活動の時がちょうどバブル期で内定には困りませんでしたが、1日24時間のうちほとんどの時間を仕事に費やすのだから、楽しくそして学びの多い時間にしたいと100社ほど受けました。受けていくうちに男女雇用機会均等法が施行されていても、なかなか女性が男性と平等にフツーに働くということは大変なことなんだなとも感じました。

働く女性が一番輝いていたのがリクルートだったので、リクルートに決めたのですが、リクルート事件の翌年ということもあり、祖父が父に対して「恥ずかしくないのか?」と聞いたのを覚えています。父は「全然。理恵が決めたことなんだから恥ずかしくありません」と返してくれてホッとしました。

リクルート時代、「お客様を馬鹿にしていないか? お客様に最善を尽くしているか?」とメンバー皆で夜な夜な企画書を練り上げたこと。「1日100枚の名刺をもらうまで帰らない」などの泥臭さを身につけ、「とにかく諦めない。相手の懐に入っていく」。そして、私の場合「思ったことを真っ直ぐに言う」という良さ（時には悪さにもなるでしょうが）があると自覚しています。

そのおかげで貴重な経験をしたことがあります。１９９２年にダイエーの中内㓛さんがリクルート株を取得したという記事が新聞の一面に出たとき、本社の広報室から一本の電話があったのです。「すぐに本社に来てください。今回平川さんに社員を代表してダイエーの中内さんにインタビューをして、社内衛星放送で全国に流そうと思います」。

なぜ入社２年目の社員に？　しかも私、営業なんだけど…と思ったのですが、とにかくスタジオに走りました。しかも、言われたのは「平川の思った通り聞いたらいいから」とだけです。「え？　思った通りって、中内さんリクルートを今後どうされるおつもりですか？　ダイエーで私たちお惣菜売るんですか？　とかですか？」と聞くと、「なんでもいい、そういうことだ」と返されました。

私の特性として、「斬り込み隊長」的な、ズバッと皆が思っていることを聞けるところがあります。これはどうしてそうなったのか？　周りが期待してそれに応えるからなのか？　それとも元来の持ち味なのか、今となってはわかりません。

社員皆がどう思っているのかな？　目を閉じて考えました。私のような2年目の社員だけでなく、もっと上の人たちですら今朝の新聞のスッパ抜きで知ったのです。今後自分の処遇や、リクルートへの経営参画（口出し）がどうなっていくのだろうか。もっと心配なのが、リクルートの自由闊達な気風がなくなっていくのではないかということだろうと想像しました。

程なく中内さんがいらっしゃいました。営業で中小企業の社長さんにはたくさん会っていたのですが、さすがに大企業の社長だからエラそうな人なんだろうか、と思いきや、関西弁のかわいいおじいちゃまでした。私も関西出身ということもあったので、これは私にとってネイティブランゲージである関西弁で、聞きたいことを聞こうと心に決めました。

「中内さん、うちらリクルートを今後どないにしようと思ってはるんですか？　私ら社員はムチャ心配ですねん。明日からダイエー行ってお惣菜売らなあかんのかなあとか、中内さんがリクルートに来て、こうしろああしろって自由闊達な雰囲気を潰さはるんやないか？　とか…」

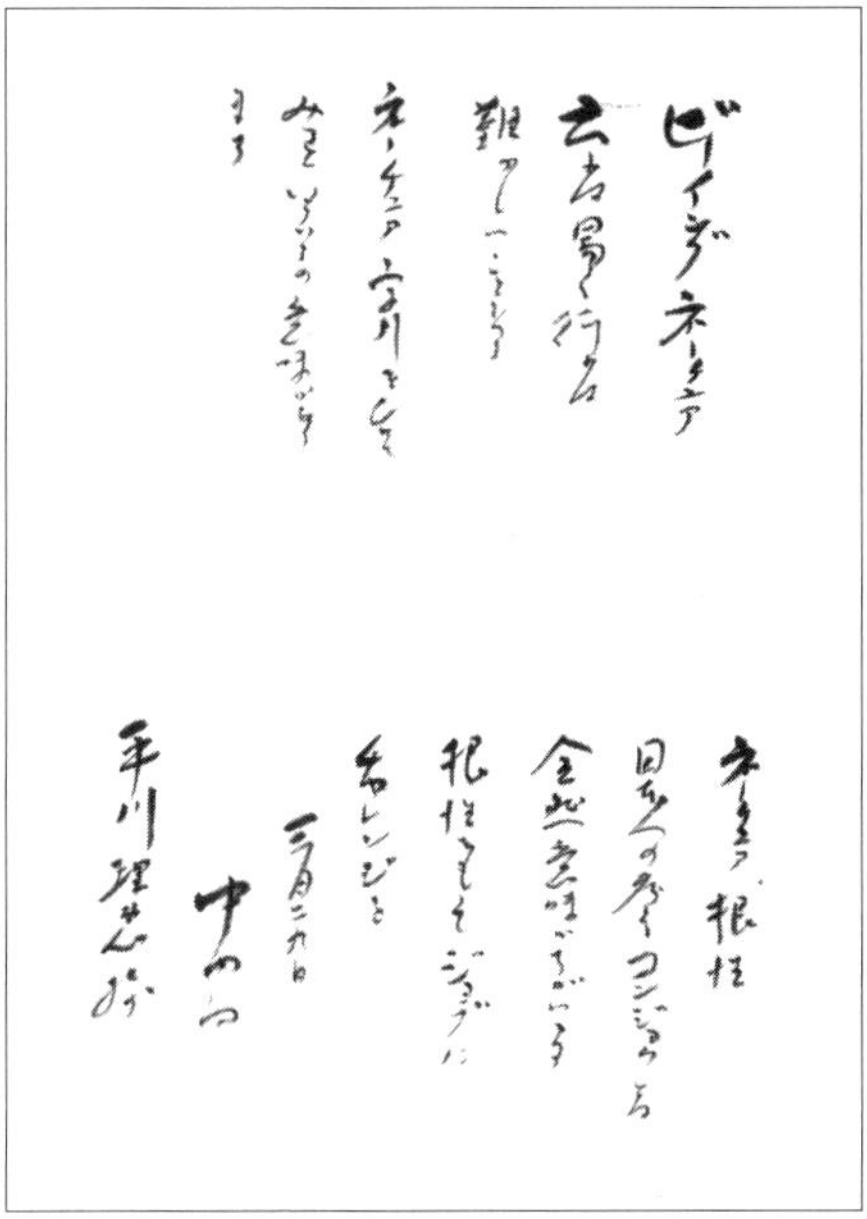

中内さんからの手紙

ビーイングネーチュア
云うは易く　行うは難しいことでしょう
ネーチュア　字引を引いてみると
いろいろな意味があります
ネーチュア　根性
日本人の考えるコンジョウとは
全然意味が違います
根性をもって　ジョブに　チャレンジを
3月29日　中内㓛
平川理恵様

じっと聞いていた中内さんは「どうもこうもしまへん。リクルートはリクルートのままです。なーんも変わりませんよ」とニコニコしながらおっしゃるではありませんか。

後日、「千代田4課　平川理恵様」と巻紙で手紙が来ました。内容は「ありのままで仕事にチャレンジしなさい」ということが書いてありました。「ねあか、のびのび、へこたれず」を標榜されている中内さんならではの言葉にいたく感動しました。と同時に、上に立つという人は、私のような下のものまでこうやって温かい言葉をかけているからこそ上に立てるんだなあとも感じたのです。

今でも、この「手紙」と「リーダーシップ」の教えは家宝にさせてもらっています。

起業して学んだ、世の中の厳しさと自分で問うていく楽しさ

リクルートから企業派遣で留学した後、大学の進学ブックを営業する学び事業部に配属されました。ここも仕事自体は楽しく、久しぶりの営業でまたどんどん数字を上げていくのですが、「こんな私でも留学できたんだから、自分は〝留学は無理〟と思っている人たちの背中を押してあげたい」と思うようになってきました。しかし3年間は留学後も勤務するという契約書にサインをしてしまっています。いろいろと会社と話し合って、留学費用約1000万円を返すことと引き換えにリクルートを留学後1年で卒業することにしました。そして起業することになります。

まずは会社を立ち上げないといけないのですが、留学費用の返還と起業が同時だったので、私には有

限会社の資本金300万円がありませんでした。（当時、株式会社は1000万円、有限会社は300万円の資本金が必要だった）そこで、「とらばーゆ」のお客様だったある女性社長に相談したところ「私、会社を8社持ってるから1社売ってあげるわ」とおっしゃるではありませんか！　え？　会社って売り買いできるんだ⁉　と目からうろこでした。

150万円で買った会社は、昭和37年創業の着物屋。その会社を買って、社名・代表者・定款全てを書き直して、留学斡旋会社が生まれました。自分で書いたニュースレター「リクルート女性社員が脱サラ、留学斡旋会社をスタート」のタイトルを付けて新聞各社に送ったところ、起業後2カ月で取材に来てくださり、毎日新聞でドカンと大きな記事になりました。そしてそこからは新聞や雑誌でどんどん記事に取り上げてくれるようになり、全国からどんどんお客さんが来るようになったのです。

1人ではやっていけないと、すぐに自分で「とらばーゆ」の求人広告の原稿を作り、社員を募集しました。社員が20人ほどの小さな会社でしたが、毎年ちょっとずつ黒字を出していました。時々、資本金を増やして（誰かに投資してもらって）もっと会社を大きくしようかとも考えたのですが、「自由になりたくてサラリーマン辞めたのに、投資してくれる誰かに気を遣っていつでも辞められる自由がなくなるのはイヤ」と、誰にも投資してもらうことなく10年間なんとかかんとか経営できました。35歳で子供を産んだ時、売り上げが激減し、社員たちにボーナスが払えなくなったら大変と銀行からお金を借りたこともありましたが、決算の前に資金繰りができて返済。結局、決算上は無借金会社で10年間通しました。

全国初の女性公立中学校民間人校長に

10年間続けてきた会社のミッションは「日本に勇気と元気と活力を」で、「留学事業でそれを達成する」がビジョンでした。しかし、当時はインターネットの出現により、若者が留学に行かなくなって、代わりにシニアの大量退職によりシニア留学が会社の収入の柱となってきたのです。若者の間は1回しか留学に行かないので商売上焼き畑農業的ですが、シニアは「初めはニュージーランド、その次はオーストラリア、カナダ、最後にイギリス」と何度でも留学してくれるので1粒で何度もおいしい商売ができました。

しかも、私の会社はホームステイ先をちゃんと前もって見に行っていて、この人にはこのおうちが合うなど安心安全な形で留学することを売りにしていたので、シニアにはもってこいでした。大変小さなマーケットではありますが、シニア留学では日本一の売り上げになってしまったのです。シニアの人たちが留学するのはいいことだし、会社もそれで潤います。しかしそれでは「日本に勇気と元気と活力を」とは程遠く、だんだん私の中で「違うんじゃないか」と感じるようになってきました。

ついに10年で会社を売却。次は何をしようかとゼロリセットするため、家で本を読んだり、人に会ったり、時々娘と旅行に出かけたりして今後の人生について考えました。ちょうど娘が小学校に入学するタイミングで、留学も教育の一部だったこともあり、「教育をやってみようかな?」という思いが沸き起こってきました。そして、民間人校長の公募に応募し、大阪府の民間人校長に合格したのです。しかし娘が大阪には行きたくないと断念。その後、横浜市の民間人校長の公募に応募。翌年4月から全国初の女性公立中学校民間人校長として市ヶ尾中学校に着任しました。41歳の時のことでした。

当時、41歳の校長なんていませんでした。その時の副校長はひとまわり年上の方でした。副校長からは「初めは様子見ですよ」と言われていたのですが、もともとじっとしていられる性格ではないので夏休みを境にどんどん改革を進めてしまいました。現場は「え？」という感じで、残念ながら数名はそっぽを向いてしまう状況でした。

しかし、はじめは「どうなるんだ？」と思っていた周りの先生たちも時間と共にこちらの味方になってくれたのです。その大きな転機となったのは、9月初めにある職員が個人の案件で起こした不祥事への対応でした。

状況的にさまざまなことを瞬時に判断し決めていかなければなりません。しかし、私にはすべてが初めての経験。生徒を守り、他の教員たちを気遣い、地域や保護者にもそれ相応の説明が求められます。そんな時、当該学年の先生たち全員（臨時任用や非常勤の先生たちも）を集めて状況を説明し「私は教員としても経験がないし校長としても初めてで分からないことが多いので教えてください。ここでどのような判断をしたら生徒にとってリスクが一番減り、保護者や地域が納得できるのでしょうか？」と率直に聞いてみたのです。

それぞれの先生が一人ひとりそれぞれの意見を言ってくださって、その意見を全部聞いた後「それではこうします」と判断しました。後から「あの時、自分たちの意見を聞いてくださって、この校長先生についていこうと思った。」というエピソードも聞きました。

そこに至るまでに、毎日毎日授業を普段から観て、先生たちと信頼関係づくりをしていたのも大きいと思います。かなりの校長が、校長室に居たままで授業を観に行かず、または校長会などで外に出かけてしまうことが多く、授業を小学校45分、中学校、高校で50分の授業をフルで観る機会は少ないと感じていました。私の場合、常日頃から予告なく突然教室に行き、生徒たちと一緒に座って、どんな気持ちで生徒たちが授業を受けているんだろうか？　と一緒に過ごしてきたのです。授業を観た後、授業観察書（何時何分、先生のどんな発問でどの生徒がどんな発言をしたなどきちんとノートに付けておく）を基に先生と「この授業は100点満点中何点ですか？」「もう一度この授業をやる場合、どこをどういう風に変えたいか？」など、コーチングの手法を使って話していました。そして「先生はなぜ先生になったんですか？」とその先生のモチベーションリソース（動機の源泉）も聞いていました。

モチベーションリソースは、リクルートで求人広告を作る際に一番大切にしてきたことです。求める人物像を明確にするため配属する上司や同僚にインタビューしたり、その仕事のやりがいなども聞いてきました。リクルートで得たモチベーションリソースの追求は、こんなところで組織マネジメントとして役に立っていくのだと感じました。

学校でできることはやり尽くした

その後、中川西中学校という生徒数1千人を超える大規模校に異動しました。合計8年間の公立中学校の校長として生徒たちと楽しく過ごしたのですが、学校でできることはすべてやり尽くしたというくらいやりました。

授業をベースとした学校づくり、コストの見直し、アクティブラーニング、カリキュラムマネジメント、キャリア教育に魂を入れ直す、社会に開かれた教育課程、コミュニティ・スクールを生かした学校経営、学校図書館改革による主体的な学びづくり、特別支援教育・合理的配慮を学校経営の主軸に、働き方改革、うつ病を出さない職員室づくり、教職員のキャリア開発、保護者とは対等の立場で対応することなど、いいと思ったことはすべて、そしてすぐに実行しました。

時々、文部科学省の中央教育審議会の委員で呼ばれ、そこでも思ったことをズバズバ言いました。歯に衣着せぬ物言いなので、時々文部科学省のよく知っている方から「言い過ぎー」と怒られることもありました。

そして、校長8年目の2017年に、突然、広島県の湯崎英彦知事からのお声がけがあり、広島県の教育長をお引き受けすることにしました。初めは悩みましたが、いつも、わからないときや、迷った時は、一度そこに身を置いてみるようにしています。広島県には、修学旅行の引率で、広島市に行ったことがあるのみでした。土日に1人で行ってみて、山や島をレンタカーで走り回り、学校を見つけたり、ショッピングセンターに立ち寄ったりしてうろうろしてみました。

根拠も自信もありませんでしたが、「うん。ここでなんだか楽しいことができそうだ！」。そう腹で感じられ、東京から広島への引っ越しを決意しました。

何をどう変えられるか？

就任前年の2017年12月に議会承認され、4月に就任するまでの数カ月、現職の校長としての仕事の傍ら、休日に広島県の書類や資料を読み込んだりして、自分なりに今後の数年の絵を描いてみました。今見ると、当たらずとも外れていない感じですが、第一歩を踏み出せる準備はできました。

まずは、教育長として議場に立って答弁をしなければなりません。その時期はそれに集中しなければならないだろうと、1年の議会の定例会のおおよその日程を入れてみました。これ以外のところで、初めの3カ月でとにかく現場をまわろう、と決めました。とはいえ、広島県には公立小学校・中学校・高等学校・特別支援学校だけで約800校あります。県教委としての直轄と言われるのは、高等学校82校、特別支援学校21校ですが、初年度中に全部回ろう！　また、23市町の学校は市町教育委員会を通さないと訪問ができないのですが、23市町は早めに全部回ろう！　と目標を置きました。教育長は、議会だけでなく、教育委員会内外の協議や、県庁内の会議の他、○○協議会などさまざまな外の会議にも出席しなければならないのですが、最優先は「学校訪問」と置いて、秘書はじめ皆に協力をしてもらいました。広島県の現場を知らないと机上の空論の政策を立ててしまうのではないかと危惧したのです。

校長時代は、「正直、教育委員会なんか要らない！」と思っていました。学校運営協議会という組織を使えば教育委員会なんてなくてもいいんじゃないかと本気で考えていました。

そう思う根拠は、オランダやフィンランドなど教育先進国では20年以上も前に教育委員会はなくなっているからです。国の規模や成り立ち、歴史は違いますが、「今の教育委員会のあり方だと本当に児童生徒のためになっているのか？」という思いがありました。とはいえ、現実を考えるとすぐに教育委員会がなくなりはしません。そこで、教育長になるに当たり、「教育委員会を再定義しよう！」と自分なりにミッションを置いたのです。

県教育委員会としてできること

2020年3月現在、広島県の教育長に就任し約2年が経とうとしています。どうか？と聞かれれば、「もっとカタくてガチガチだと思っていたら、結構いろいろできるじゃん！」というのが感想です。心の声に従い、思ったことをズバズバ言うので広島県教育委員会のスタッフには苦労をかけていると思いますが、私自身は毎日楽しく仕事をさせてもらっています。

これまでどんどん改革をしてきました。気づいたところから「とにかくどんどん」という感じです。

現場主義を掲げ学校現場の訪問を重ねたり、「教育長と呼ばないで」と上意下達な組織をフラット化したり、新しい組織を立ち上げて今までの人事とは違う形で引き上げたり、現場の先生や指導主事を連れて国内外一緒に行って将来の教育の姿を見せて一緒に指導案まで考えたり、文部科学省にガンガン意見を言ったり…。やり過ぎで怒られるかな？　と心配することもありますが、案外怒られるときは「え？そこですか？」と拍子抜けするようなことで、本筋からは離れていると思います。それもそうだし、多少怒られたってかまわないのです。変化の時はそのくらいじゃないと変えるエネルギーには変換されないのではないでしょうか。

以下、どのように変化を起こしているかの実例をお示しします。

現場主義　～とにかく学校訪問！

教育長就任1年目に「2学期末までに県立103校、23市町全部の学校をまわる！」と宣言しました。校長会ではこの宣言と共に「突然行くこともあります」と予告もしておきました。

本当に横を通ったからと突然行くこともあります。最初の頃は秘書に「今日、教育長は東西南北どっち方面？　まさかうちの学校に今日、来ないよね？」と問い合わせがあったとも聞きます。これまでは、教育長の学校訪問はかなり前に伝えておいて、準備に準備を重ねてお迎えしていたらしいのです。しかし、そんなことでは現状はわかりません。準備と言っても学校が大変になるくらいなんだから普段通りの学校を観せてもらいたいのです。

学校訪問の際には、到着し次第、すぐに授業を観せてもらいます。昇降口、トイレ、保健室、図書室、特別教室、事務室、職員室はもちろん、倉庫まで観ることもあります。1校につき1時間くらいしか訪問時間は取れませんが、これだけの数を訪問すると、入った瞬間にその学校の雰囲気や活気を感じとれるし、自然と問題のあるところに足が向きます。

大方の学校は大変頑張っているのですが、時には「ややっ！」と「家政婦は見た」状態になることもあります。学校を観させていただいた後、管理職だけでなく主幹教諭も交え、良い部分はほめる一方で「この辺りはどうか？」と忌憚なく問題提起することもあります。

このやり方は教育長になって始めたことではありません。民間人校長時代から毎日1コマは50分フルで授業を観察し、同じようにほめるところはほめ、改善点があれば思った通り先生にお伝えしてきました。視点は常に「私が児童生徒だったらどう思うか？」です。

「ややっ！」と思うことは、大きなことから細部まであります。言いづらいことも思い切って言います。子供たちのために、ここは遠慮してはいけないのです。「この学校の子供たちはあまりかわいがられてないように思います。校長先生ご自身、もっと子供たちの中に入っていってください。ご自身の担任時代を思い出してください。もっと一人ひとりに寄り添っていたはずです」と伝えたこともあります。

また、学校訪問した際、ここが学校をよりよくするポイントだという「スイッチ」を探し当てるようにしています。そこに対してこれまでのやり方に拘泥せず、集中特化して「政策を立てる」のが教育委員会の仕事ではないかと思うからです。

文化を変える　～官僚的対応に喝！

どんな組織もトップが普段何を考え、何を目指しているのかをメンバーに伝えることは、組織の心を〝ひとつ〟にするために重要であると思います。とはいってもなかなか全員を集めて話せる場も少ないのが現状です。そこで、教育委員会各所のトイレや執務室にA４一枚手書きカラーの「平川通信」を出すことにしました。下手ながらもイラストを描き、写真も入れた、かなりユルい形の瓦版です。ポイントはちょうど「目線の位置に貼る」ことです。精読率は抜群！　おおよそ2週間に1号出しています。

実は、この手法はリクルート創業者江副浩正さんの実践でした。ダイエー中内さんがリクルート株を取得した後、リクルート本社のトイレに行った時にトイレ新聞を発見。本当かどうかはわかりませんが、「トイレ新聞を経営者と社員がコミュニケーションツールとしているのか⁉　すごい！　これでリクルート株を買った元が取れた！」とおっしゃったと伺っています。

私のトイレ新聞の内容は、学校訪問で感じたことや児童生徒、先生たちの頑張りや様子が中心です。教育委員会で机に向かっていると、どうしても「誰のために何を」やっているのかわからなくなるものです。教育委員会のスタッフすべてが広島県の子供たちのための仕事なのだと原点回帰することが大切

平川通信　第12号（R1.11.11）

第2号（H31.4.22）

です。

「平川通信」に「教育長って呼ばないで！」と書いたこともあります。「〝平川さん〟〝理恵さん〟と呼んでください。もちろん職責は全うしますが、役割の前に私は〝平川理恵〟です。社長時代も校長時代も〝理恵さん〟と呼ばれることが多く、この4月から職名で呼ばれることに違和感がありました。もちろん職名で呼ばれても〝ハイ〟と言いますが……なるべくよろしくお願いします。ぺこり」と正直な気持ちを書きました。今では「平川さん」「理恵さん」と呼んでくれる人も多くいます。

教育委員会は「上意下達」ゆえに教育長の命は絶対！　と、大変機能的に組織ができています。管理型社会ならそれでもいいかもしれませんが、これからはクリエイティブ型組織がいいとされています。時代は上下の関係ではなく、緩やかにつながっているネット型。上下関係の組織ではクリエイティブな考えは生まれにくい、と思います。文部科学省があって教育委員会があって学校がある……といった上意下達な考えや文化を捨て去るところからではないかと思います。どっちがエラいとか、どっちが下だとかはないのです。機能ごとに仕事をしているのです。これからの時代、組織文化を変えることは大変重要ではないでしょうか。

また、アリバイづくり？　のようなアンケートや、形だけの外部有識者会議、例年やってる事業だが中味のないものについては、バシバシとメスを入れています。「こんな計画に広島県の税金使えないよ。県民が聞いたら怒るでしょう？　私フツーのおばさんの感覚で言ってるだけだけど」と厳しく言うこともあります。「だって、私が生徒だったら嫌だから」とか「自分の子供がそんなことされたら許せないでしょ」とか、多少子供じみていても、おかしいことはおかしいと言います。教育委員会のスタッフは、初めはびっくりしていましたが、最近は「よく考えたらそうですよねえ」と納得してくれています。（と思います。微笑。）

教育にチョイスを！　～広島県の挑戦

「日本は、着るものや食べるものはたくさんのチョイス（選択肢）があるのに、どうして教育だけはこんなにチョイスがないのだろう？」。ずっとそう思い続けてきました。

「この地域に住んでいるから、この学校。もしくは私立に行くしかない」という感じです。しかし、私立に行ったところで、日本の学習指導要領と教科書に基づく授業なので、進度や集まってくる子供の質は違うのでしょうか、そんなに大きく変わりはしません。

確かに、今のやり方で日本の教育は大変な成果を上げてきました。PISAやTIMSSの調査だっていつも上位にいます。しかし、「クリエイティビティ」や「ヤル気」が重要視されているこの時代に、教育が「多様」ではなく「1つ」しかないのは良くありません。今のやり方で8～9割の子供はいいでしょうが、残り1～2割の子供は違ったやり方でやったほうが伸びる場合もあると考えます。

そこで、広島県では今年度からチョイスを作りました。まずは、昨年2019年4月に開校した広島叡智学園です。大崎上島という瀬戸内海に浮かぶ風光明媚な場所に、IB（インターナショナルバカロレア）校で、全寮制の中高一貫校を立ち上げました。広島県内の子供だけでなく、さまざまな地域からという点で多様な子供も来ます。

また、2019年度より「個別最適な学び担当」を新設し、Society5・0に向け、小学校において「異年齢学級」「個別最適化（アダプティブ）」な教育課程編成を日本の学習指導要領下で行う研究を始めていて、福山市の常石小学校で日本初の公立イエナプラン小学校が誕生することになっています。

今の日本のやり方にNOを出している不登校児童生徒や異才を放つ子供たちへも、小中学校での「特別支援教室の設置」や「東大ロケット　ｉｎ　広島」（Activity Based Learning）という形で取り組んでいます。

その他、全ての県立学校に地域住民などと力を合わせて学校の運営に取り組むことが可能になるコミュニティ・スクールを導入しました。昨年度まで０％だったのですが、今年度１００％になり、学校にとって「辛口の友人・最大の応援団」となってくれ始めています。その他、図書館改装、英語教育改革、高校入試の改善、高校教育課程の見直し、ＩＣＴの１人１台のためのＢＹＡＤ化（Bring Your Authorized Devices）、小児がんの生徒のための遠隔授業単位認定など、同時多発的にどんどんと進めています。

さまざまな考え方はあるとは思いますが、やってみなければわかりません。ＰＤＣＡサイクルとトライの精神が大切でしょう。イエナプランだって、オランダのものをそのまま持ってくるなんてさらさら考えていません。仮に広島県内でいくつか取り組みを行うにしても、地域や学校の事情や特徴があるのだから、いろんな形のイエナプラン校ができてもいいと思っています。そういう工夫が、きっと将来先行きの不透明なこの時代を生き抜いていく子供たちの人生にとって、トライアンドエラー（トライして修正し、また検討の繰り返し）がいかに大切かの精神を体感し、そして自分のものにしていってくれるものと信じています。多様な子供たちのために「教育にチョイス（選択肢）を！」に向け果敢に挑戦していきたいと思います。

人間が決めたことは、人間によって必ず変えられる

私には信じていることがあります。それは「人間が決めたことは、人間によって必ず変えられる」ということです。

行政はすぐに「条例があるので無理です」とか、小難しいことをもっともらしく言いますが、「だったら条例を変えるか、解釈を見直せないか考えてみてください」が私の返答です。子供たちの未来のために、今後も果敢にそして真っ直ぐに挑戦していきたいと思います。

「自ら機会を創り出し、機会によって自らを変えよ」は旧・社訓でリクルート創業者・江副さんの言葉です。この言葉を胸にこれからも頑張っていきたいと思います。

第2話

民間から118億円の寄附を集めた「トビタテ！留学JAPAN」という人づくり

～文部科学省による
官民協働プロジェクトというチャレンジ～

荒畦 悟

文部科学省　官民協働海外留学創出プロジェクト
「トビタテ！留学JAPAN」プロジェクトマネジャー

荒畦 悟

（あらうね さとる）

Profile

Satoru Araune

1977年千葉県袖ヶ浦市生まれ。高校時に千葉県市原市の姉妹都市交流1期生として選ばれ米国アラバマ州で1週間のホームステイを体験。上智大学外国語学部英語学科に入学し国際NPO団体アイセックの上智大学委員会代表を務める。卒業後は株式会社リクルートへ入社。人材マネジメント室へ配属後、主に新卒採用やインターンシップ制度の立ち上げを行い、HRR株式会社（現・株式会社リクルートマネジメントソリューションズ）へ出向後、HRソリューション営業として中小企業から大手の人事採用を支援、その後、専門商社、起業、Google Japanでのエンジニアの新卒採用等を経て、2014年4月に文部科学省官民協働海外留学創出プロジェクト「トビタテ! 留学JAPAN」の創業メンバーとして参画。大学生向けプログラムの募集選考設計や支援企業・団体連携、委員会運営等プロジェクトチーム運営全般に携わり、2019年よりプロジェクトマネジャーとして2021年以降のプロジェクトの企画統括を務める。

E-mail：kizahashi2011@gmail.com

「トビタテ!留学JAPAN」とは

私は、2001年に株式会社リクルート（以下、リクルート）に入社し人材マネジメント室採用グループに配属されてからは、一貫して人事採用・人材育成の仕事に携わってきました。ベンチャー企業や外資系企業等での経験を経て、2014年4月からは文部科学省が主導する「トビタテ！ 留学JAPAN」という官民が協働して日本の高校生や大学生等を海外へ送り出そうという留学促進キャンペーンに創業メンバーとして関わっています。

この留学促進キャンペーンは、世界がグローバル化し、VUCAワールド（※注）と言われ変化が激しい時代になっている社会の中で、2004年をピークに日本から海外へ留学する人数が減り続けていること（図表1）に危機感を感じた文部科学省と産業界が、2020年までに留学生を倍増させることを目指して立ち上げた官民協働のプロジェクトです。ちょうどその頃、Google Japanでエンジニアの新卒採用を担当するチームにいた私は、エンジニアという特殊な領域の話とはいえ、インドや中国の優秀なエンジニアがたくさんGoogleに採用されていく一方で、日本人のエンジニアの応募が少ない状況に危機感を募らせていました。

そんな折、日本の若者を海外へ送り出し留学生の数を倍増させようとする「トビタ

（※注）VUCA（ブーカ）とは、Volatility（変動性・不安定さ）、Uncertainty（不確実性・不確定さ）、Complexity（複雑性）、Ambiguity（曖昧性・不明確さ）という4つのキーワードの頭文字から取った言葉で、現代の経営環境や個人のキャリアを取り巻く状況を表現するキーワード。

OECD等統計による高等教育機関に留学する日本人（社会人も含む）

（図表1）

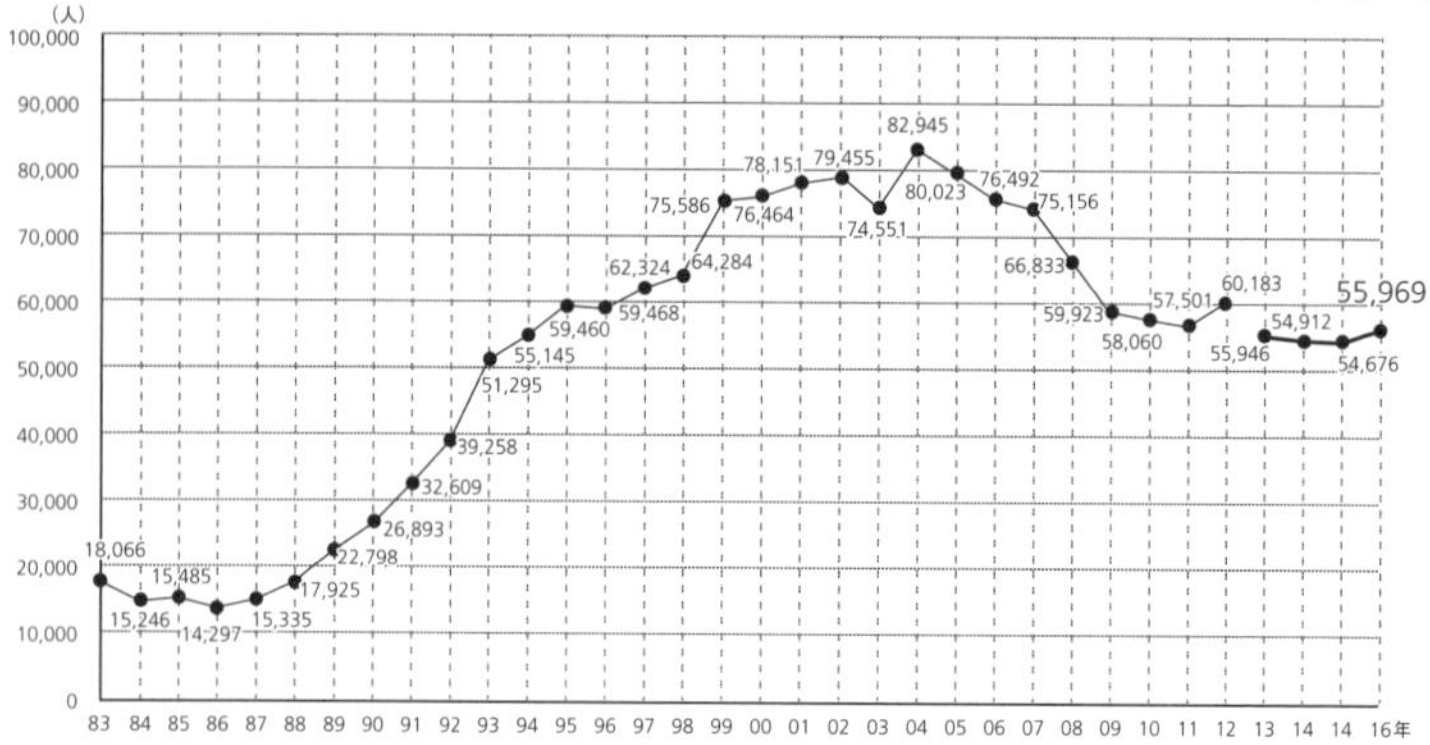

出典:平成31年「外国人留学生在籍状況調査」及び「日本人の海外留学者数」等について

テ！　留学JAPAN」の立ち上げを知り、その志に共感してプロジェクトに参画することになりました。

実際に取り組んでいるのは「トビタテ！　留学JAPAN　日本代表プログラム」（以下、トビタテ）という留学促進キャンペーンのフラッグシップとなる奨学金プログラムの企画運営です。このプログラムでは国費を一切使わずに、247社・団体、個人等から約118億円（2020年3月31日現在）という寄附をいただき、返済不要の奨学金や研修、コミュニティ活動を含むプログラムを通じて、これまでに8315名の高校生、大学生等を世界100カ国以上へ派遣し、グローバルリーダーの卵を育成してきました。

6年目を迎える現在では、全国の大学生におけるトビタテの認知度は4割弱、留学に興味がある大学生だと6割強の認知度を誇るプログラムに成長しましたが、社会人一般の認知度は13％程度に留まり、読者の多くの方々も知らないかもしれません。対象が社会人ではないので仕方がないかもしれませんが、このプログラムは、リクルートに支援していただいていることはもちろん、数多くのOBの方々にもご協力いただいています。さらには、人材育成のコンセプトの主要な部分に、リクルートが大切にしてきた人材育成のエッセンスが取り入れられていること、そしてそれが、文部科学省が主導する官民協働のオールジャパンのプログラムとして日本全国の若者の育成のために活用されていることをぜひ知っていただきたい、更には皆さんにも関わっていただきたいと想い、今回執筆させていただくことになりました。以降、リクルートでも大切にされている人材育成のコンセプトが、どのようにトビタテにも反映され、若者を対象とした人づくりに活かされているかを紹介していきたいと思います。

アウェイ体験、一皮むける「越境経験」としての留学

「一皮むける経験」という言葉は、私がキャリア事業開発室という当時総合キャリアプログラムや新たな人材育成プログラムを開発していた部署で、内定者バイトをしていた時に聞いた言葉でした。内容としては、次世代リーダー育成の分野において、当時の大企業のリーダーを調査した結果、多くのリーダーに共通するのが、「一皮むける経験」つまりは今まで直面したことがない困難な状況を克服した経験でした。例えば不採算事業の立て直しや潰れかけの子会社への出向など、想定していたキャリアとは違うアウェイな環境の中で、修羅場を乗り越えてリーダーシップを高めたというものでした。そして、こ

トビタテ!留学JAPAN 日本代表プログラム第1回壮行会集合写真

の調査結果を応用し、普段の居心地のよい職場や座学の研修ではなく、アウェイ体験という修羅場を経験させる異動や配置をすることが、次世代リーダー育成にとって重要であり、企業のリーダー育成のプログラムに組み込まれ始めているという話でした。今では、「一皮むける経験」に代わり「越境経験」という言葉が人材育成界隈で話題になっていますが、社会人のリーダーにとっても重要な「越境経験」を、トビタテでは海外体験という形で若者に提供することで、次世代のグローバルリーダーの卵を育成しています。

さらに、トビタテの大学生向けのコースでは、よりアウェイ度を上げるために海外体験の中に、座学ではなく実践的な活動（インターンシップやフィールドワーク、ボランティア等の社会との接点による学び）に取り組むことを必須としています。国内ではインターンシップが定着した感がありますが、海外での実践活動は、より難易度が高くなり、多くの学生が修羅場を経験しています。またトビタテ生の体験談を聞いているとよく出てくる話として、職場で「Who are you?」と問われ当惑したというエピソードがあります。もちろん、中学で習う疑問文の意味は理解できます。ただ、それが真に意味するところを理解し、答えることが難しい。つまりは、あなたらしい意見は何なのか? あなたの付加価値は何なのか? というユニークさを問う質問です。他人とは違う意見を出すことに慣れていない日本の若者にとっては、シンプルだが答えるのが難しい問いであり、海外での実践活動ならではのエピソードとなっています。

また、島国の日本だからこそ、一度外に出てみないと身につけられないものがあります。それは、「日本の当たり前を疑うことが出来る視点」です。「大人の前例や当たり前」が作る社会に加え、海外の情報が入ってきづらい情報鎖国の日本で暮らす若者にとって、海外に出る経験は、身の回りの当たり前が、必ずしも世界の当たり前ではないことに気づくことにつながります。そんな視点を身につけた若者が増えることこそが、閉塞感漂う日本の社会を変えるきっかけになると信じトビタテを運営しています。

「自ら機会を創り出し、機会によって自らを変えよ」を実践する社会課題解決集団

この言葉は、私が就職活動中にリクルート関連の書籍の中で出会い、以後、自分の行動ポリシーにもなっているリクルートの（旧）社訓です。自ら主体的に生きていくことの大切さを表す一方、会社に頼

らない個人のキャリア形成を求める厳しさもあります。1968年に作られたとは思えないほど、今の世にも通じる価値のある言葉だと思っています。

トビタテでも、そのエッセンスをプログラムに組み込んでいます。具体的には、トビタテには「自分で作った留学計画で留学することができる」という画期的な仕組みがあります。自分で留学テーマを設定し、行先も自由、期間も自由で、例えば期間中ずっと座学ではない学び（海外インターンシップ等）を行うことも可能です。

さらに、選考基準も特徴的で、語学力や成績は不問。問われるのは熱意、好奇心、独自性の3つです。選考は、トビタテの支援企業等から推薦いただいた採用担当者等にご協力をいただき、書面審査と面接審査を行い、好奇心や探求心ドリブンで主体的に生きる若者を選抜しています。彼らは、次ページに列挙した通り世界の課題をテーマに留学をしていて、今では、社会課題解決に取り組む大きな集団となっています。

折しも世間ではSDGs（※注）という言葉が流行っていますが、トビタテ生は、SDGsが定める17の多様なテーマを網羅する若い集団として、今後の日本ひいては世界の課題解決に貢献できる可能性を秘めています。事実、霞が関の官庁をはじめ、支援企業・団体、地方自治体やNPO等が主催するアイデアソンやオープンイノベーション等で、彼らの知恵や力が求められる機会が増えてきています。

（※注）SDGsとは、「Sustainable Development Goals（持続可能な開発目標）」の略称であり、2015年9月に国連で開かれたサミットの中で世界のリーダーによって決められた、国際社会共通の目標です。

そこで、今後は、トビタテという海外体験を活用した人材育成事業に加え、世界を見てきた多様な若者で構築されているコミュニティの力で、社会に価値を還元する事業を立ち上げていきたいと考えています。

学生の留学テーマ（例）

1 アフリカウガンダでBOPビジネスを学ぶ
2 オーストラリアで地球規模の食料問題に挑戦する
3 ニュージランドで最先端の幼児教育カリキュラムを学ぶ
4 タイで水処理技術を学ぶ
5 エネルギー先進国アイスランドで学ぶ持続可能社会の実現
6 シンガポールで多国籍チームの人材マネジメントを学ぶ
7 フランスで移民の生活保障制度を学ぶ
8 シリコンバレーで起業家教育を学ぶ

アルムナイコミュニティの可能性

この書籍自体もリクルートのアルムナイ（企業を離職・退職した人の集まり）の方々が参加するＦａｃｅｂｏｏｋコミュニティから発生した企画ですが、私自身もリクルート卒業後、「元リクルート」ということで、公私ともにさまざまな機会でご縁がつながったり、そこから協働が生まれ、アルムナイコミュニティの価値を享受させていただいています。退職が「卒業」と呼ばれるリクルートにおいて、卒業生が政官財、ソーシャルセクターも含めさまざまな領域で、新しいことにチャレンジされ、いろいろなところで元リクルート同志のコラボレーションが生み出されています、トビタテも例にもれず、リクルート関係者のさまざまなご縁にも支えられてここまで来ることができました。

具体的には、トビタテの一番の支援企業である株式会社ソフトバンクの専務執行役員の青野史寛さんは、旧ＨＲＲ株式会社に在籍時代大変お世話になりましたが、現在も会社として多額の寄附をいただいているのをはじめ、トビタテの重要な議題を討議する企画委員会の委員長としてトビタテの運営にも多大なるご指導とご支援をいただいています。

また、リクルートには、トビタテの立ち上げ当初からの寄附による支援をいただいているのに加え、プロジェクトに出向者を出していただいていたり、トビタテ生の留学前後での成長を可視化するためにＳＰＩ等を活用した評価、さらには全国の大学等での低学年向けの留学機運醸成企画として「留学×キャリア」イベントを開催していただくなど多大なるご協力をいただいています。それ以外にも、さまざまな場面で元リクルートの方々にお会いし、お力添えをいただく機会が多く、アルムナイのネットワークの価値を再認識することにつながりました。

コレクティブジーニアスという言葉もありますが、今後は、今まで以上に多様かつ複雑になる社会だからこそ、多様な人材がつながることで社会課題を解決する時代になると考えています。そういう意味でも、トビタテは、多様性と若さを活かし、未来の社会課題の解決に寄与するコミュニティとなることを目指したいと考えています。とはいえ、勝手にコミュニティができるわけではありません。海外体験という共通体験、安心・安全、本音と本気で語り合える関係性を育む研修、縦横斜めの関係をつなげる各種イベント、そして何より寄附で支援いただいたという御恩をしっかり認識し、恩返しならぬ、恩送りをすることの大切さを共有することが、未来につながるコミュニティになるキーだと考え学生に伝えています。

今後は、トビタテ生同志のつながりだけではなく、支援企業・団体等を中心とした社会とさらにつながり、どのように連携していくかが一つのチャレンジであり可能性でもあります。その際のキーワードは、「イノベーション」と「ＳＤＧｓ」。この2つをテーマに社会に価値を還元していく活動を進めていきたいと考えています。

寄附だからこそできる人材育成と官民協働の可能性

ここまで、トビタテの特徴を説明してきましたが、皆さん不思議に思われるはずです。リクルートならまだしも、こういった自由かつ野心的なプログラムが文部科学省という官の傘のもとで、どうやって実現されているのか？　と。

その答えは、いくつかありますが、まず挙げられるのは、運営資金が国費（税金など）ではないという点です。つまりは企業や団体、個人からの寄附で支援いただいているということです。文部科学省が主導すると言われると国費で運営されていると思われがちですが、トビタテは企業・団体・個人等からの寄附で学生支援やプログラムの運営をしています。寄附だからこそ、学生が立案した留学計画を支援できたり、リーダー育成ができたり、選考基準が独特だったり、コミュニティ活動を支援できたりしています。

私自身トビタテに参画して初めて、寄附を財源とした事業運営に携わらせていただいていますが、寄附だからこそできる人材育成があることに気づくと同時に、今よりも多様性が重要になってくる社会においては、教育や人材育成により多様かつ戦略的に活用できる寄附が集まる仕掛けづくりや機運づくりが必要であると感じています。

日本ファンドレイジング協会の調べによれば、欧米に比べ寄附市場が小さい日本。ＧＤＰに占める公的教育支出がOECD諸国の中でも低いと言われる日本において、国費での公平・平等な教育機会の提供に加えて、今後は多様な教育機会のニーズに応える新しい財源として寄附のマーケティングと活用が重要になってくるのではないかと考えています。

トビタテが独自性を持った事業である2つ目の理由は、官民協働である点です。民の企画力と機動力を活かして柔軟性のあるプログラムを立案し、官の持つ信用力とインフラを活用してレバレッジをかけて日本全国という規模感で、事業を展開することができています。文部科学省であるからこそ、大学や高校、教育委員会等の教育関係者、さらには保護者が耳を傾け協力してくれます。また、運営チーム自体も官民協働であるということも大きな特徴です。民間人が入った有識者会議は多くありますが、トビタテでは、実際に事業を行う官民協働のプロジェクトチームの部屋が文部科学省内にあります。また民間人の官への出向というと官僚が多くを占めるチームの中に、少数の民間人が入るケースがほとんどですが、トビタテの場合は、約40名弱のチームの約半数が民間出身者であり、民の知恵や行動力を活かせるところも大きな特徴です。普段はライバル同志の企業の社員が、大義のために同じチームで協働し、知恵を共有し合うという協働のあり方は、官民協働チームならではだと感じています。

格差を解消し、地方の高校生にも海外体験を

最後に、今後のことに関して触れたいと思います。トビタテは2020年度までのプロジェクトとし

て2013年に時限付きのプロジェクトとして立ち上がりましたが、今までの成果を評価いただき、2021年度以降も継続する方向で現在計画を練っています。次のフェーズは2025年までの5年と区切って新たなテーマにもチャレンジする予定ですが、強化したい領域の一つが、地方の高校生の海外体験促進です。今までも累計約2700人の高校生を支援してきましたが、そこには都心と地方に大きな格差がありました。私達は「3つの格差」と呼んでいますが、それは「情報格差」、「意識格差」、そして何と言っても「経済格差」です。

これらを克服するために、2021年度以降は、地方の高校生がより海外に飛び出しやすい環境づくりを促進していきたいと考えています。情報格差と意識格差に関しては、留学関連の情報を留学プラットフォームという形で集約し、世の中に点在する海外留学関連の情報や支援制度、それらを運営している団体等を一括して探しやすくしたり、こういった団体のファンドレイズや広報等も支援することで、情報と意識の格差を縮め、日本全体として高校生の海外体験の機会や人数を増やしていくことを考えています。

経済格差に関しては、支援企業や個人からの寄附に加え、2019年12月20日に決定された政府の税制改正大綱に盛り込まれた「企業版ふるさと納税」の活用に注目しています。この制度は、自治体の地方創生プロジェクトに対し企業が寄附を行った場合に、税制上の優遇措置が受けられる仕組みであり、企業の税負担を軽減する割合を現在の約6割から約9割に広げる改正となります。例えば100万円の

税額控除割合の引き上げ（イメージ） （図表2）

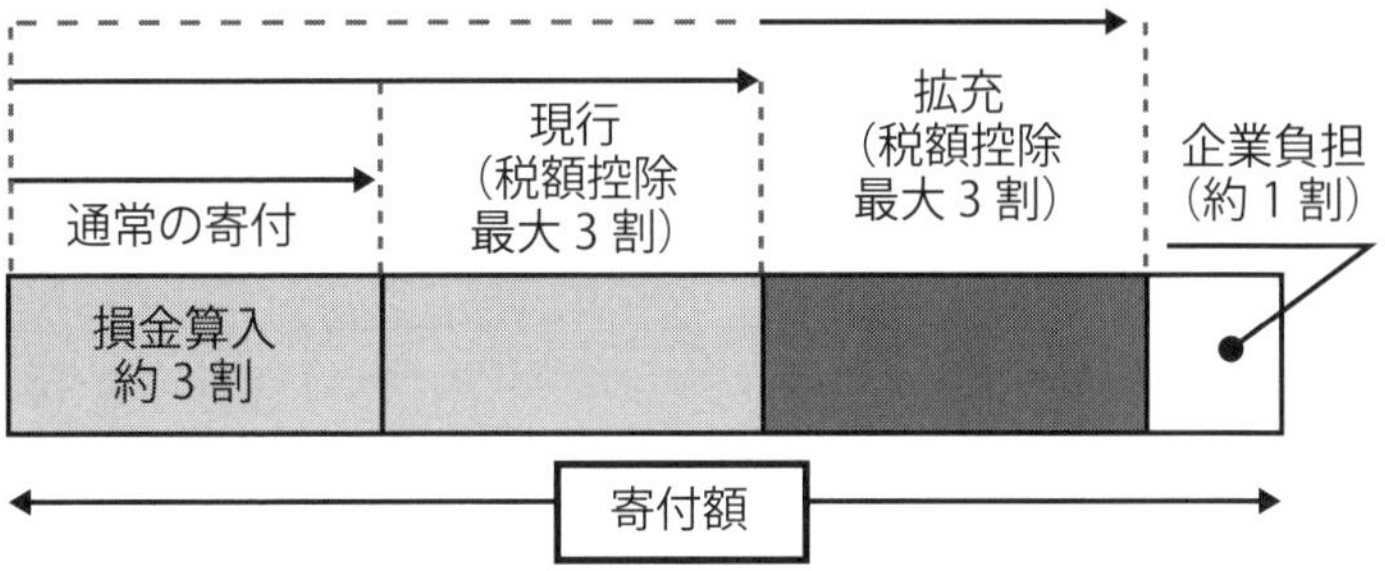

例）100万円寄付すると、最大約90万円の法人関係税（法人住民税、法人事業税、法人税）が軽減

寄附を実質10万円の負担で行うことができるようになるのです（図表2）。この制度を活用することで、大都市圏の企業から新たな資金が地方自治体に流れる可能性があります。トビタテでは、この「企業版ふるさと納税」を地方の高校生の留学支援につなげる仕組みを作ることで、少しでも経済格差を縮め、より多くの高校生の海外体験を実現できるのではないかと考えています。

リクルートのアルムナイの方々を含めこの本の読者の中には、縁やゆかりのある地方の若者の人材育成や人材育成による地域活性に共感いただける起業家や経営者の方々が多数いらっしゃるのではないかと思います。先述した人材育成マインドに共感いただける社会人の方々が、この制度を通じて地方の人材育成に関わる機会が増えることは、資金以上の価値があり、地方の、強いては日本の競争力強化につながると信じています。少しでもご興味、ご関心を持っていただける方は、プロフィール欄の連絡先までご連絡いただけると幸いです。

最後に、トビタテの第2フェーズでは、新たな寄附を集め直す必要があり、応援いただける支援企業・団体・個人の方々を募集しています。トビタテは、文部科学省の出島の様な存在です。変化やスピードが激しい世の中の要請を、少し早く、柔軟に捉えて実験し、成果のあがったレガシーを文部科学省の施策へ展開していく。そういったサイクルを生み出せる器です。事実、先程述べた特徴を踏襲した留学を2021年以降は国費で支援している大学生等の留学枠の一部に反映する話が進んでいます。リクルートも大切にする人づくりのエッセンスを官のレバレッジをかけ全国展開する令和のチャレンジを継続させるため、趣旨に共感いただけた方は、是非、ご支援、ご協力いただけると幸いです。気軽にお声がけください。

第3話

持続可能な地域を支える人材育成

～クリエイティブラーニングスパイラルを地域に作り出す～

赤井 友美

一般社団法人子供教育創造機構　理事

赤井 友美

（あかい ともみ）

Profile

Tomomi Akai

東京都生まれ。東京理科大学卒業後、2001年、株式会社リクルート入社。IT部門、広報部、人事部、新規事業立ち上げなどを経験。2006年の新規事業コンテストNew-RINGにおいてCSR部門優勝した「中学生のキャリア教育プログラム」で多くの公立校・私立校に足を運んで活動したことをきっかけに教育について考えるようになる。その後、アメリカの「就職したい企業ランキング」で1位となったNPO法人『Teach for America』の日本法人設立に関わり、初代理事メンバーとして活動。活動中の2008年に出産。人事の業務と、自身の子育ての中で、教育分野への思いが強くなり、2012年仲間と共に、子供教育創造機構を設立。2012年度末に株式会社リクルートを退職し、2013年に学童施設キンダリーインターナショナルを立ち上げる。同年、株式会社4smilesを設立し、小学生向け英語スクールの運営を開始。小学生の子どもたちをキャンプに引率する中で、自然の中での学び、地域の人と交流することによる学びの素晴らしさを再確認し、2015年以降、これまでの知見を地域へ還元したいと活動を開始。これまで、熊本県阿蘇郡南小国町、埼玉県秩父郡横瀬町、山形県鶴岡市など複数の地域と共に協働。地域に住む一人一人が地域の良さを再認知しながら、世代間で学び合う持続可能プログラムとしていくことをモットーにして活動中。

社会をつくる経験は子ども時代から

私が教育に関わるきっかけとなったのは、リクルート時代のＣＳＲ活動でした。

私が入社した当時のリクルートは数千人規模の会社だったので、ある時期になると社員総出で採用面接を担当するのが日常で、私も入社２年目くらいから面接を一定時間経験していました。その面接のなかで「みんなが受けている大企業だから」というように意思のない学生が想像以上に多く、もっと早くから自分のキャリアを考えることが大事なのではないか？　という問題意識を持ったことをきっかけに、Ｎｅｗ－ＲＩＮＧという新規事業提案制度に同僚と応募しました。

これが２００６年に生まれた「タウンワークトライワーク」という中学生向けキャリア教育プログラムです。

当時もキャリア教育という単語はありましたが、中学生のキャリア教育は職場を見に行き体験させてもらう「職場体験」があるくらいでした。中学生が職場を見にいき、数日体験するだけでは「大人って大変だな」という感想しか持たないでしょう、仕事の醍醐味を伝えていくことが大事なのではないか？と話し合い、考え、当時あった職場体験プログラムを刷新することをターゲットにプログラムを設計しました。そして、できあがったプログラムをある地域の進学校と、進学より就職率が高い学校でプログラム実施・検証することにしたのです。

当時、プログラムの授業そのものを私たちが担当しており、教材も共通しているので、差は先生と生徒と地域環境で出てきます。各学校でプログラムを検証した際、驚くことがいくつもありました。

まずは、時間。同じプログラムを実施しても、学校によって完了するまでにかかる時間が違うのです。そして、取り組む前から「難しそう」「できない」と諦めの言葉が出てきてしまう生徒たちと、「まあまあです」「もうちょっとできる感じがします」とプログラムについての意見を言う生徒たち。結果として授業もクラスの雰囲気も全く異なります。

先生方はどの学校でも忙しく、とても一生懸命なことは変わりないのですが、プログラム案をお見せすると「このプログラムは難しすぎる」「このプログラムでは簡単すぎる」と実施前から見立てをされていて、プログラムを通して得られる価値よりも「授業時間内にどう収めるか」が大事にされているように感じました。

プログラムが思い通りに進まずもやもやとした気持ちになったと同時に、同じ公立校なのに学校によってここまで差がある？　という衝撃と、「生徒も先生も、どのような経験からこう思い、考え、行動するように至ったのか？」という問いが湧き上がった瞬間でした。

これらを考え始めた時、あることを思い出しました。

私は中高校生時代、「かわさき青年選挙協力隊」という川崎市選挙管理委員会が期間限定で募集をかけた若年層の投票率向上を呼びかけるボランティア組織に属していました。

アンケートなどを通じて集まる投票に行かない若者の声は「自分の意見が反映されるとは思えない」「政治は自分の生活には関係ない」「どうせ変わらない」という、自己肯定感の低さや、主権者としての意識の低さ、失望感に満ちた回答が多いということが、当時とても印象的でした。

そして、「タウンワークトライワーク」プログラムを通じて学校回りをしていた時、自己肯定感の低さ、主権者として主体的に考える機会の少なさは、中学生にも課題となっていて、結果として選挙も含めたさまざまな社会システムに表れているのかも！　とピタッと違和感のピースがはまるような気がしたのです。

これを変えられるのは子育てであり、教育であり、地域コミュニティの関わりであり、多様性が生かされ、共に社会を作っていく経験をもっと子どもの頃から薄く長く続けていく必要があるのだと思ったことが教育に携わるきっかけとなりました。

小学生向けのキャンプから始まった

「タウンワークトライワーク」プログラムの立ち上げ後、教育に興味を持った私は、会社勤めのまま、教育系NPO法人設立等をしながら、自分自身も出産し子育てをするようになりました。

そして、子育てをしていく中で「子どもが大きくなるまでに社会に少しでも貢献したい」と仲間と始めたのが、現在、都内で3校舎運営する「キンダリーインターナショナル」という学童施設です。この施設は行政の補助金を一切受けることなく100%事業収入で運営してきました。

その中で特に大事にしてきたことは「自己肯定感を育むこと」。この学童施設立ち上げ当初から自然豊かな地方に宿泊を伴うキャンプを実施しており、自然の中に行くと子どもの顔が和らぐこと、そして東京の子どもたちが自然の中で大はしゃぎする一方で、現地の子どもたちは呆れるような顔をしていることに気がつきました。

地方には何かある気がする！　地方に関わりたい！　と思ったきっかけでした。

そのような思いを複数の友人に伝えていたところ、2015年、同期入社であり、じゃらんリサーチセンター研究員であり「コクリ！」創始者の三田愛さんから熊本県阿蘇郡南小国町の町長になったばかりの高橋周二さん、当時黒川温泉旅館協同組合代表理事の北里有紀さんを紹介してもらいました。

三田さんはじゃらんリサーチセンターのプロジェクトとして、2011年から熊本県の阿蘇郡南小国町に関わっており、教育面でも何かできるのではないかとつないでくれたのです。4人で南小国町の小学校跡地でお会いし、数時間、教育についての思いをお話しさせてもらいました。

その後、東京と南小国町の小学生交流キャンプを企画しました。「大人に囲まれて日々生活しているが故に大人びている地方の小学生」と「親から離れ伸び伸びとする東京の小学生」の交流にさまざまな気づきを得て、その後の公教育でのプログラム設計の土台ができあがりました。

熊本地震をきっかけに始まった中高生向けの地方創生プログラム

東京と地方の小学生交流キャンプを実施した約10日後、熊本地震が起きました。地震直後から動き出し、日本財団の金銭的支援が受けられることも決定したため、２０１６年夏から半年間、15歳以上の中高生を対象にした「創生カレッジ」が走り出しました。

「創生カレッジ」プログラムは、地域資源を見出し震災復興のための新規事業アイデアを出し、6カ月かけて実現化する新規事業創出活動プログラムです。

小学生交流キャンプでの気づきを踏まえ、首都圏から参加したメンターは地域の魅力を客観的に伝え続け、中高生がモチベーションを保ち続けられるようコーチングしていただくことを大事に、ＬＩＮＥを使ったオンラインサポートと2カ月ごとに現地へ赴いてサポートを行ってもらいました。地元メンターは実現にあたり困った際のサポート役として、駆け込み寺となっていただきました。

・自分の願いを見つめる
・ビジネスモデルキャンバスを使ってビジネスモデルの仮説を作ってみる
・協力者に相談し、実際につくってみる

と事業家がぶつかる壁に半年間取り組むプログラムです。当然脱落する生徒も少なくありませんでした。しかし6カ月後、心に火がついた生徒たちは驚くほどの結果を出すことになるのです。

例えば獣害に悩んでいた地域に住んでいた女子生徒は「家族が長年悩まされてきた獣害をプラスに転換できる取り組みをしたい」という思いから、駆除されたイノシシの食用化に取り組みました。彼女は野生のイノシシの臭みを取って食用にする肉加工法を知るべく、自分自身のバイクで他県の有識者のもとへ足を運び、猪肉を使ったレトルト品を作り、加工上の法律問題まで調べ、狩猟免許を取ると言い出し、地元紙に掲載されました。

写真は地元の料理店にご協力いただき作ったジビエ肉を使ったカレー味、トマト味、デミグラスソース味のハンバーグ。

「阿蘇の林業をもっと活性化させたい」という思いを持った女子生徒は、木婚式（結婚５周年記念）向けの木製の指輪を作るというアイデアを出し、現地の木材業者さんやジュエリーデザイナーと協力するなどして指輪とケースを地元産の杉で作り、最終的に結婚情報誌や新聞に掲載されました。

その他にも、阿蘇の美しい景色を背景にぬいぐるみと一緒に撮影してＩｎｓｔａｇｒａｍに載せることで阿蘇の広報活動を行った男子生徒は、予想をはるかに上回るフォロワー増加に驚き、インターネットの力に驚くと同時に、自分と地域に自信を得ていきました。

地方では起業人材がいないとして、アクセラレータプログラムやビジネスコンテストが多く実施されていますが、アイデアに終わらせず０から１を作り出す体験、さまざまな人とつながる体験、協力を募って目標を達成していく体験が高校生でもでき、地域の人や資源とつながっていくことで愛着形成ができるということを証明したプログラムとなりました。

また同時にわかったことは、「高校で取り組むには遅い地域がある」ということでした。日本は小学生の99%、中学生の93%が国公立学校に通います。平成の大合併、過疎化の流れもあり、地方山間部でおおよそ5000人前後の自治体になると、小学校は自治体に1~2校、中学校は1校となっていきます。保育園・幼稚園も含めると、10年以上変わらぬメンバーで学び続けることになるため、多様性の無さを憂いて中学卒業時に町外の高校へ進学してしまうことも少なくありません。地域のことをテキストや一方的な講義で学ぶのでなく、中学までの間に地域に住む多様な人と出会い、共に協働する体験が地域の一人ひとりの自己肯定感、アイデンティティを育むことにつながるのではないかと考えるようになりました。

義務教育から始める「地域共育」

キャンプ、新規事業創出とプログラムを実施した結果、「中学までの間に地域に住む多様な人と出会い、共に協働する体験」をどのように作れば地域にとってメリットがあるのか？　と悩み、相談する日々が続きました。

ある時「皆のITスキルってどの程度？」と創生カレッジの参加者に聞いてみるとインターネットは

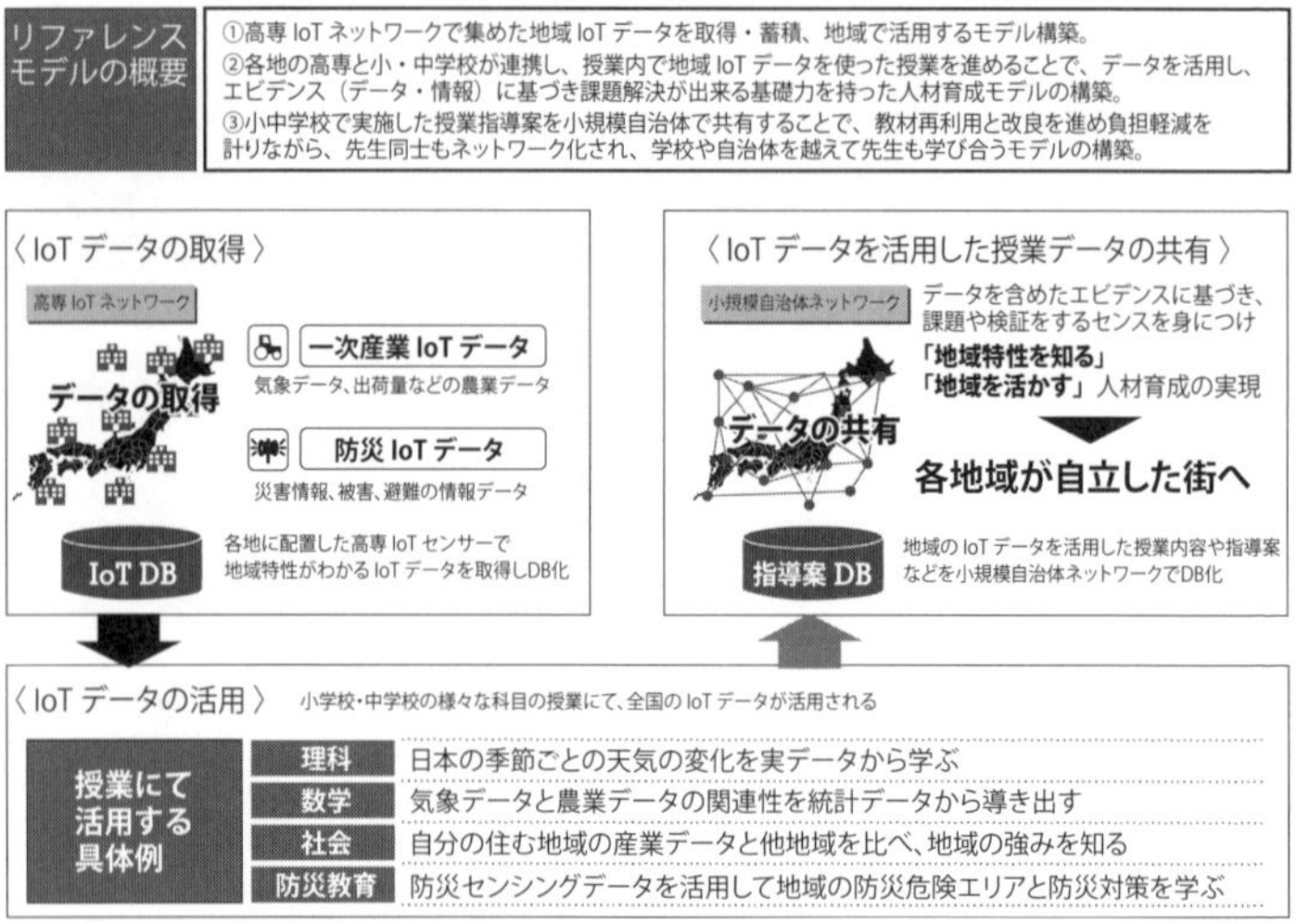
リファレンスモデルの概要
①高専 IoT ネットワークで集めた地域 IoT データを取得・蓄積、地域で活用するモデル構築。
②各地の高専と小・中学校が連携し、授業内で地域 IoT データを使った授業を進めることで、データを活用し、エビデンス（データ・情報）に基づき課題解決が出来る基礎力を持った人材育成モデルの構築。
③小中学校で実施した授業指導案を小規模自治体で共有することで、教材再利用と改良を進め負担軽減を計りながら、先生同士もネットワーク化され、学校や自治体を越えて先生も学び合うモデルの構築。
〈 IoT データの取得 〉
高専 IoT ネットワーク
データの取得
一次産業 IoT データ
気象データ、出荷量などの農業データ
防災 IoT データ
災害情報、被害、避難の情報データ
IoT DB
各地に配置した高専 IoT センサーで地域特性がわかる IoT データを取得しDB化
〈 IoT データを活用した授業データの共有 〉
小規模自治体ネットワーク
データを含めたエビデンスに基づき、課題や検証をするセンスを身につけ
「地域特性を知る」
「地域を活かす」人材育成の実現
データの共有
各地域が自立した街へ
指導案 DB
地域の IoT データを活用した授業内容や指導案などを小規模自治体ネットワークでDB化
〈 IoT データの活用 〉 小学校・中学校の様々な科目の授業にて、全国の IoT データが活用される
授業にて活用する具体例
理科　日本の季節ごとの天気の変化を実データから学ぶ
数学　気象データと農業データの関連性を統計データから導き出す
社会　自分の住む地域の産業データと他地域を比べ、地域の強みを知る
防災教育　防災センシングデータを活用して地域の防災危険エリアと防災対策を学ぶ

高専IoTネットワークを活用した地域IoTデータの取得、教育を主とした小規模自治体利活用モデルの実証事業 概要図

学校などの授業で受けた説明から「便利だけど怖い」ものと認知しており、電話とＳＭＳがＬＩＮＥになり、テレビがＹｏｕＴｕｂｅに変化した程度で、便利さは全く享受できていないことが分かりました。

かたや、東京で運営する学童施設ではＳＴＥＭ（Science, Technology, Engineering and Mathematics）プログラムが大盛況。さまざまな会社からロボット教室やプログラミング教室の売り込みが相次いでおり、小学生から教室に通う子どもがたくさん。ＩＴスキルの差が情報格差の一端を担っていることは明らかでした。

小学校は２０２０年、中学校は２０２１年に新学習指導要領改訂が迫っており、「中学までの間に地域に住む多様な人と出会い、共に協働する体験」以前に、ＩＣＴ（Information and

Communication Technology）やデータを使いこなし、情報格差が起きない土壌にすることが地域の助けになる！　と考えました。

初めてのことでさまざまな方々にアドバイスをいただきながら総務省の「地域ＩｏＴサービス創出支援事業」の委託先候補としていただき、実証事業の目処がついたのが２０１７年。こうして、ＩＣＴとＩｏＴデータを活用したＩＴリテラシー向上プログラムが南小国町で始まりました。

ICTにより大きく変化する教育と地域

実証事業の一番の壁は学校の先生も含めた大人のＩＴリテラシーでした。車通勤が多い地方の大人は、電車通勤が主流の都心と違い通勤時間にスマートフォンを見ることができないため、昔ながらのガラケーユーザーも健在です。またスマートフォンを持っている先生たち、大人も「アプリはほとんどダウンロードしたことがない」という回答が多いのが特徴的でした。

そのような中、ＩＴリテラシー向上の一手として、手を打ったことは２つ。

・小中学校の先生向けの研修
・子ども向けプログラミング講座を兼ねた保護者向けのワークショップ

小中学校の先生向けには、ＩＣＴの使い方、授業での活用方法を学ぶ研修を実施するところから始めました。「体育でビデオを撮ると自分がどのように身体を動かしているかわかります」「英語で自分の発音を録音して聞き直すと自分の発音が自分でチェックできます」「社会で調べ学習をする際に、これまで紙に書いていたものをプレゼンテーションにまとめていくだけでも大丈夫」など、今の授業のまま、置き換えていくことができる事例を紹介していきました。

保護者向けには、子どもがプログラミングワークショップを受講している間に、インターネットに関わる勉強会を開催しました。例えば、家庭でドリルを買わなくても無料のアプリで勉強ができるし、英語勉強の定番であるラジオ英会話はＰＣやアプリからは過去の放送を聞くことができること。講義が動画で公開されていて、オンラインで単位取得したり、卒業できる高校や大学があること。動画公開は有名大学ほど進んでいて、意欲さえあれば大学に行かずとも学ぶチャンスがあること。全ては使い始めないと始まらないこと。

子どものプログラミング中、これらの画面を見せながら１つ１つ説明していくと、１時間後、どんな保護者でも「学校にもＩＣＴ教育が導入されるならＰＣやタブレットの購入を検討したい」と言って帰っていきました。

学校にタブレットが支給され、先生の研修が終わり、保護者にＩＣＴの良さが伝わり、と一歩一歩進むごとに少しずつ状況が変わっていき、秋口には実証事業の本題である「ＩｏＴデータを使った授業を実施する」ところにまで進める目処が立つようになりました。（ただしこの当時は代表者で選ばれた先生のみ）

ＩＴリテラシーの次のステップは「データリテラシー」です。

経験や主観で物事を決断するのではなく、データを読み解き、論じ、活用していく能力は社会においても必須であり、学習指導要領でも重点項目として記載がされていますが、実際の学校の授業でリアルタイムのデータが使われることはほぼありません。

この実証事業で取得していたＩｏＴデータは、町内10カ所に設置したセンサーを使った気温・湿度・風速などの気象データ。そこで小学校では「植物の成長を記録し、天気によって差があったか調べる」「同じ植物を気候が違う日本国内の別の場所で育てて、気象によってどんな違いがあるか考察する」という理科の活動を小学5年生で行いました。

リアルタイム取得される気温や湿度のデータをサーバからダウンロードし、表計算ソフトに読み込むことから始まり、グラフ作成に苦闘したり、データが欠ける等の疑問を解明し、データと植物の成長の関係性を考察することに1時間、地域差が出たか？　それはどのようなものだったか？　を確認することに1時間をかけ、授業を実施しました。

この実証事業の甲斐あり、町のＩＴリテラシーは確実に向上し、小学校は2年間の取り組みでほぼ全ての先生がＩＣＴを活用できるようになり、新学習指導要領に向けてＩＣＴ機器導入の混乱が生じることはありませんでした。

社会へのつながりと変化を作り出す中学生に

ＩＴリテラシーが向上したことで「中学までの間に地域に住む多様な人と出会い、共に協働する体験」について、もう一度立ち戻ろうと始まったのが２０１９年度からスタートしたキャリア教育プログラムです。

まず、中学2年生の職場体験。これまでは多くの地域で実施されているものと同様、職場体験先に行って数日間働かせていただき、後日お礼のお手紙をお持ちするという内容でしたが、職場体験を「まちインターン」という名前に改め、南小国町のさまざまな職場を舞台に行うプロジェクト学習としました。インターンの３日間で「挑戦する、変化を起こす」ことをミッションとし、インターン受け入れ先にとっては中学生ならではの新たなアイデアやチャレンジから刺激をもらう時間となること、中学生にとっては社会参加と変化を起こす挑戦の経験及び、多様な人との関わりを楽しむ機会となることを意図したプログラムです。

木材加工所でインターンに参加した生徒は、旅館に納品するサイドテーブルを作る！　というミッションのもと、３Ｄモデリング後、加工機械を自分自身で動かし、３日間でサイドテーブルを納品しました。大きな自信につながったと同時に「こんなに没頭した体験はなかった」と振り返りました。（後述のプレゼン大会で学年最優秀賞を受賞）

木材加工所で活動した生徒の3日間

製作物を置かせていただく旅館に伺い、コンベックスで実測。しっかり設計ができるように寸法をもれなくメモ。

ポストイットに自分のアイデアを書き、それぞれが発表した。その後、形状や用途ごとに分類して、デザインの方向性を探った。

考えたデザインを3Dのモデルで作ってみる。どういうパーツをつくって、どうやって組み立てたらよいかシミュレーションした。

ShopBotで加工した板材からパーツを切り離す。ノミを使って慎重に作業した。

やすりがけ作業パーツのバリをサンダーで綺麗に落とし、最後は紙やすりで仕上げた。人が触っても怪我しないように丁寧に。

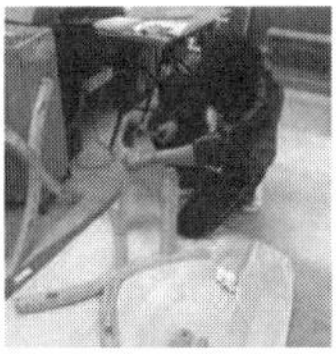

組み立て。表面を傷つけないように養生して作業。ピッタリはまるようにゆっくりハンマーで叩いていく。

完成したサイドテーブル。それぞれが考えたデザインが実際に立ち上がったのを見て、興奮していた。

納品。実際に置いてみて使い心地を確認した。自分が手掛けた作品を誰かに渡すときの名残惜しさを感じた。

地元の旅館でインターンに参加した畜産農家の生徒は、宿泊者にもっと素敵な体験を提供したい！ という思いを持ち、地域の素材と自家製牛肉の新たなレシピを考案、3日間のインターン期間中にスタッフに提供し、自分の両親へフィードバックもしました。

まちインターンは、地域の資源を生かして生徒たちが新たなものを創り出すプログラムであり、地域への理解と協力なくては実施できないプログラムですが、「地域に開かれた教育」が実現でき、地域の人々にとっても大きな学びになるリカレント教育としても効果的ではないかと思っています。

農業体験も　地域との共創プログラムと変化

次に中学1年生で実施する農業体験は、「中学までの間に地域に住む多様な人と出会い、共に協働する体験」とするのはもちろんのこと、「農業のクリエイティブな面を見せる」ことを目標に

・若手農家からの講話
・加工による6次産業の可能性を知る
・2泊3日、町内の農家民泊先で地域の素材を生かした料理を作り、最終日にみんなでランチバイキングとして食べる

という流れで進めていきました。

まずは若手農家の方の講話。話を聞く前に「農家を継ぎたい人、やりたい人はいますか？」と問いかけると、誰一人継ぎたいという生徒はいませんでした。しかし、「僕はこうやってクリエイティブに働いている。農家でも儲かっている」という説明を聞いたり、「ＩＴ技術やデータを活用し、勘で農業しているわけではないので大丈夫。しかも一年のうち決まった期間しか働きません」といった話を聞くうちに、生徒たちの顔色がみるみるうちに変わっていきました。

祖父母や父が言うことは全てではない！　と分かった生徒たち。講演会の終わりに「農業についてイメージが変わった人」という質問には全員が手を挙げました。

その後、農家一軒につき2～3人の生徒が3日間、宿泊しました。収穫や加工を手伝いながら、3日目にお互い試食しあうランチバイキングでの提供料理とプレゼンテーションの準備をします。

宿泊を伴う上、農作業だけでなく、プレゼンテーションを作る、料理を作るなど、さまざまな協働があり、農家の方々との会話が深まっていきました。

最終日、生徒一人ひとりに修了証を渡してくださった農家の方々のメッセージは愛にあふれていて、生徒たちとつながりができたことを実感させられる場となりました。

ランチバイキングで生徒たちが提供した料理

小・中学生の学び　町に還元するプレゼンテーション大会

2020年1月、南小国町のプレゼンテーション大会が開催されました。各学校の代表として選抜された小・中学生が、町や社会について主体的に考え、自分なりの考えをプレゼンテーションを行いました。

この3年間、南小国町の公教育で実施してきた学びを、地域の皆さんにも見ていただくために岩切教育長と企画したものです。

プレゼンテーション大会の様子

・小学1～2年生：家庭や学校にあったらいいな
・小学3～4年生：暮らしやすい町づくり
・小学5～6年生：産業・経済に関する私のアイデア
・中学1年：農業体験での学び
・中学2年：まちインターンでの学び

とそれぞれ学年ごとにテーマに沿って個人個人でプレゼンテーションを作り、校内大会を勝ち上がったメンバーが当日集まりました。

大会に選出された生徒は「自らの体験から課題設計し、自分の日々の体験を振り返り、内省して言語化する」ことができているだけでなく、タブレットの操作もジェスチャーも交えてのプレゼンテーションもスムーズで、地域の方々にとっては大きな刺激になった！　と言う声をたくさん聞くことができました。

クリエイティブラーニングはどの地域でも作り出せる

「まちづくりは人づくり」という言葉があります。

国に頼らずとも持続可能な地域となるよう地域を作っていく。そのためにはトライアンドエラーを繰り返しながらも、新たな事業や他地域とのつながりを作り出していける地域であることが大事と考え、全ての取り組みを行ってきました。

地域により文化も歴史も資源も違います。江戸時代の藩校が人づくりを担っていたように、これからは各地域の学校が地域の特性を見据えた人づくりをしていくようになっていくのではないでしょうか。

これまでご紹介してきた取り組みは、南小国町の町長である高橋周二さん、教育長の岩切昭宏さんのお二人のリーダーシップのもと、地域での理解を得るための対話や関わりを大事にしながら、マサチューセッツ工科大学ミッチェル・レズニック教授の「クリエイティブラーニング」を地域で実現してきた活動です。

「クリエイティブラーニング」はアクティブ・ラーニング、プロジェクト型学習、探究学習と同じく、学ぶ生徒自身を中心に据えた活動ではありますが、一番の違いは「創り出すこと」を重視していることです。

我々の組織では企業の新規事業のサポートも行っていますが、ＰＤＣＡの計画を立てている間に社会が変化していく時代。動いてつくっているうちにも顧客のニーズは変化するため「動きながら考える」身軽さは大人にも必要になっていると感じています。

だからこそ、知識を机上で学ぶことはもちろんのこと、「発想・想像し、創作し、試し、共有し、振り返る」という実践を子どもの時から積み重ねていくことに大きな意味があると思っています。

また、南小国町でのこれまでの実践を通して感じた事は、「創り出す」ことは生徒たちに大きな自信を与える上、地域の人たちの眼にも止まるため大人にも影響を与えていくという事です。

未来を過剰に恐れることなく、地域や人を信頼してつながり、持続可能性を意識しながら地域や社会を作っていく。それが広がる事で日本も世界も今より素敵な社会になると思っています。そして、それは日々の中で、大人が実践できることでもあるのです。**自分の家族、地域、日本、社会、地球を意識して行動する人が増え、その背中を子ども達に見せること**が何よりも次世代の育成につながっていくのではないでしょうか。

地域には資源がたくさんあります。八方塞がりだ！　と思った課題も視点を変えたら思わぬものが見えてくることがたくさんあるはずです。私たちが日々生きながら次世代へ送り続けているメッセージはどんな内容なのか？　と考える人が増えることを願ってやみません。

第4話

「母親が子どものそばで働ける」新しいワークスタイル

～まちの課題を解決する四方良しのビジネスモデル～

藤代 聡

株式会社ママスクエア　代表取締役

藤代 聡

（ふじしろ さとし）

Profile

Satoshi Fujishiro

1966年2月7日生まれ。獨協大学卒業。在学中から起業を考え、約20のアルバイト、スキークラブ、学園祭実行委員会、バイト斡旋の学生起業などの活動を行う。1989年、株式会社リクルートフロムエーに新卒で入社。2000年に株式会社リクルートへ出向・転籍。10年間の営業で3500社のクライアントを担当し、新規事業を経営に提案する事業企画部、メディアづくりを担当するメディアプロデュース部を渡り歩き、2003年に株式会社リクルートを退職。約4,000社の企業を担当して培った「成功する企業」のノウハウを活かし、2004年6月に日本初の親子カフェ「スキップキッズ」を創業、1号店となる西葛西店をオープンした。

2013年、株式会社ディアキッズを立上げ、2014年に株式会社ママスクエアを設立。母親が子どものそばで働ける、保育園でも在宅でもない新しいワークスタイルを提案する。2020年1月末現在、ママスクエア直営34拠点、事業所内託児拠点・FCなどを合わせると北海道から沖縄まで全58拠点を運営中。

女性活躍、待機児童対策、労働力確保の課題を一挙に解決

保育園に入れないなどの理由から「働きたくても働けない主婦」は全国に150万人以上いると言われています。少子高齢化による労働不足を解決するには、母親が働きやすい環境を整えるべきです。自治体は女性の就労支援に取り組んでいますが、いまだに待機児童問題は根深く、解決には程遠いのが現状です。

ママスクエアはキッズスペース付きワーキングルームの運営と展開により、働きたくても働けない子育て中の母親に、社会での新たな活躍の場を提供しています。ワーキングルームからガラス越しに見える位置にキッズスペースを併設し、専任のキッズサポートスタッフが常駐。子どもと一緒に通勤し、シフト制で自分に合った働き方ができるうえに、子育て中の母親同士で大変さを分かち合い、助け合いながら安心して働くことができます。同じ境遇の母親たちと働く環境であれば、突発的な育児トラブルが起きても理解があり、気兼ねなく仕事と育児を両立できます。充実した教育・研修によりブランクを気にせず仕事をリスタートできるのも特徴です。

女性活躍、待機児童対策、労働力確保には大きな社会ニーズがあり、ママスクエアが提供する母親の新しいワークスタイルはこれらの課題を一挙解決へと導きます。創業前は「このモデルはたやすく実現できない」と言われていましたが、1号店の出店以来、全国各地の自治体等から出店依頼があり、20

19年末時点で全国に58拠点展開しています。ほとんどがデベロッパーや電鉄、そしてまちとの連携によって生まれたものです。

ママスクエア誕生の裏側　働きたいのに働けない母親の苦しみ

ママスクエア誕生のきっかけは、私自身の家庭での出来事です。3人の子どもの面倒をずっと見ていた妻が、子どもに対して頻繁にイライラするようになり、家庭内の空気が悪くなりました。私にとって大したことがない子どもの行動も、妻からすると何度も注意している事柄。疲れによる育児ストレスも溜まっていたので「僕が面倒を見るから、カフェでも行っておいで」と言い、妻は近所のカフェで2〜3時間過ごしてから帰ってきました。すると、驚くほどすっきりした顔をしていて、家庭内の空気も見違えるようによくなりました。土日休みもなく子育てしている母親の育児ストレスは、2〜3時間の自由時間で軽減できます。それに、母親の機嫌がいいと家庭の雰囲気がよくなり、子どももすくすく育つのです。

この経験を経て、ママスクエアの前身となる日本初の親子カフェ「スキップキッズ」（後のディアキッズ）を創業しました。スペースの約半分は子どもが遊べるキッズスペース、残りは大人が休憩できるカフェスペースにし、雑誌やカフェメニューを提供。キッズスペースには見守りを行うキッズスタッフを常駐させ、母親が安心して自由に過ごせる環境を整えました。開店から1週間で行列ができるほどの人気店になり、その後も出店を重ねて累計22店舗にまで拡大しました。

スキップキッズを運営するなかで、子育て中の母親がぶつかる「社会の壁」を知りました。母親は求職活動をしても育児を理由に不採用になるケースが多く、離職ブランク後の復職ハードルが高いのです。就職しなければ子どもを保育園に預けられず、保育園に預けられなければ就活ができないという負のループもあります。社会のつながりを求めて復職を願う母親はとても多く、スキップキッズでアルバイトを募集すると子育て中の母親からの応募が相次ぎました。

子育て中の母親を約2000人も面接し、離職ブランクにより自信を失っている母親に多く出会いました。そこで、子育て中の母親に就活と保活の機会を与えることを主眼に、キッズスペース併設型のオフィス「ママスクエア」を創設しました。掲げた企業ミッションは「子どものそばで働ける世の中を当たり前に」。クライアントから受注するBPO（企業が業務の一部を外部の専門業者に委託すること）業務を行う直営拠点運営の他に、事業所内保育事業や行政連携事業、FC事業も展開中です。

誘致オファー続々　四方良しのビジネスモデルで全国のまちに拡大

ママスクエアが全国に急拡大できる理由は、誘致オファーが絶えないからです。複合施設やデベロッパー、鉄道会社、地域企業、自治体からの依頼も相次ぎました。

ママスクエアのビジネスはリクルート時代に学んだ「世の中にある『負』の部分を解消するところに、

大きなビジネスチャンスがあり、大きなマーケットがある」という考え方に基づいて誕生しました。働きたくても働けない母親がいる現状が大きな負であり、その課題を解消するビジネスには大きなマーケットがあります。

ママスクエアの仕組みは、母親、子ども、まち、企業の全方位にメリットがある四方良しのビジネスモデルであり、まちや企業からのオファーが相次いだため想像以上のスピードで拡大しました。子どものそばで当たり前に働く社会を作るには全国に店舗展開する必要があり、創業当初から全国100店舗展開を目指していました。47都道府県の県庁所在地に1店舗ずつ、東名阪の中央都市には複数店舗を設け、まちと提携する構想もありました。まず人口が多い関東圏からスタートし、札幌・仙台・東京・名古屋・広島・福岡・仙台と都市をつなぐ太平洋ベルトを軸に自治体と組みながら展開していく構想でしたが、初期段階で全国から問い合わせが来たのです。

最初に連携した自治体は奈良県葛城市です。中学生まで医療費は無料（現在は18歳まで）、待機児童もゼロだった葛城市は、大阪などの都市部から多くの子育て世代が流入し、奈良県で唯一人口が増えていました。しかし、市内に産業がなく母親たちの働く場が不足していたため、ママスクエアに声が掛かったのです。そのタイミングでの奈良県出店は想定外の早さではありましたが、市長から「空き家になった古民家を活用してキッズスペース併設のワーキンググルームを設け、古民家再生・働き方改革・子育て支援を一挙に解決する」という計画を聞き、出店を決めました。

最終的に空き家となった仏壇店を改装し、2016年9月、関東以外では初の出店となる葛城店をオープン。子育て中の母親への仕事創出と地方再生に寄与する事例となり、ニュースが広まると数々の自治体から出店依頼が舞い込んできました。

ママスクエアは、進出先の行政機関の施策と連携しつつ運営委託を受ける「行政連携モデル」を構築しました。子育て世代の流出、女性活躍による労働力確保、待機児童対策、地方産業や雇用の創出、シャッター商店街や空き家の再生など社会課題の解決につながるため、多くのまちから誘致オファーを受けます。特に女性活躍推進に悩むまちは多く、まち単体でゼロから考えずともママスクエアのビジネスモデルをそのまま採用すれば子育て中の母親が働く場を提供でき、さらにその母親が労働で得た収入による消費を促して地域活性化につながる点も支持されました。

さらに、メディア戦略を工夫して露出を増やし、認知度を高めていきました。どれだけよい取り組みをしても、認知されなければ広まりません。情報発信時に意識したのは「初物アピール」です。2015年4月にママスクエアの1号店「ララガーデン川口」を三井不動産の商業施設内にオープンした際、ワーキングルームに託児スペースとカフェを併設した「日本初」のオフィスとして情報を発信しました。多くの新聞やテレビで取り上げられ、その後も出店時に「関西初」「九州初」等の切り口で告知し、話題を集めました。

「見守り型のキッズスペース」のため一般の保育所を立ち上げる際に必要な届け出などの手間や時間を費やす必要がないこと、そして極力コストをかけずに出店できることも拡大の後押しとなりました。収益化できるビジネスモデルを構築しなければ拡大はできません。基本的には協賛元や提携先の支援が支えになっており、費用削減および収益化を実現しました。前述の葛城店は、2015年度の内閣府「地方創生加速化交付金」の交付を受けて開店しました。ほかにも「地方創生推進交付金」を利用して出店した兵庫県の神戸新長田店と加古川店、「戸田市女性再就職応援事業」を利用した埼玉県の北戸田店など、数々の事例があります。地域住民の利便性を高めて生活を豊かにするビジネスは国の支援を受けやすく、加速度的に成長するのです。

社会を変えるビジネスの基盤は入念なマーケティング

ママスクエアのビジネスモデルを支えているのは、リクルート時代に培った徹底的なマーケティング力です。ママスクエアの前身となるキッズスペース付きのカフェ「スキップキッズ」を創業する際も、入念なマーケティング活動を行って勝算を立てました。

まずは個人的体験からビジネスの種を見つけます。ショッピングモールにあるボールプールは子どもの遊び場ですが、子どもが約20人遊べるのに対して親の椅子は5つ前後しか置いていませんでした。さらには飲食禁止で大人が長時間過ごせる場所ではなく「子どもの遊び場の横に、親が仕事したりお茶を飲んだりできる場所があればニーズがあるな」と考えました。

ここから入念なリサーチを行い、ビジネスとして成り立つか分析します。ネットリサーチ会社に委託して親子カフェについてのアンケートを実施し、さらにエリアごとの人口の伸び率、婚姻件数、都市公園の数、公民館の数などを調べて市場規模が大きいエリアを絞り込み、一番マーケットが大きく人口の伸び率も大きかった江戸川区に目星をつけました。当時（２００７年９月）江戸川区は小学校６年生までの医療費を無償化しており、転勤族が江戸川区に集まる流れがありました。しかし公園の数などは少なく子どもを遊ばせる場所が不足しており、ニーズが見込まれました。江戸川区に一号店となる西葛西店を出店する前にも、私自身が西葛西のゲームセンターで入場者数をカウントしたり、昼はカフェ、夜は居酒屋でアルバイトをして飲食店ノウハウを学んだりもしました。出店は成功し、たちまち人気店となりました。

ママスクエアの設立前にもリサーチを行っています。親子カフェ「スキップキッズ」で働く子育て中の母親との交流を通じて、就活と保活の必要性や母親たちの自信のなさを知った私は、社会復帰と離職ブランク対策の両方に貢献するべく「キッズスペース併設型オフィスでＢＰＯ業務を受注する」という現ビジネスモデルを考案。市場調査を行ったところ、世帯年収６００万円以下で小学校３年生以下の子どもがいて、今すぐ働きたいと考えている子育て中の母親は１１５万人、小学校4年生から６年生の子どもがいる母親だと41万人、合わせて１５６万人の「働きたくても働けない子育て中の母親」がいることがわかりました。

働けない理由は時間的制約が主でした。子どもの寝かしつけや夕食の準備などの都合で16時までしか働けない母親が多いのです。ＢＰＯ業務であれば比較的柔軟な働き方ができるため、電話による営業、データ確認作業、テレアポなどの業務を相場より安い単価で受託し、キッズスペース付きワーキングルームで働く環境を整えたところ、ある拠点では30人の募集に対して３００人もの応募が殺到しました。

このように、順風満帆と言われるママスクエアの成長は万全なるリサーチと計画の上に成り立っており、棚ぼたラッキーによるものではありません。１号店を出店する前から全国展開を見据えて準備を進めたことも成長の一助になりました。最初から壮大な事業構想を立てて戦略的に拡大してきたのです。

母親からのニーズはもちろん、人材不足に直面し間接業務の外注化に興味を持つ企業からのニーズも高く、ママスクエアへの依頼は今も増え続けています。少子高齢化による労働力不足に伴い、今後も業務のアウトソーシングのニーズは高まっていくでしょう。子育て中の母親を採用し研修教育でキャリアを定着させるなど、手厚く支援するママスクエアの業務委託であれば、業務の高い品質と信頼性で柔軟に対応が保証できます。また、採用されたスタッフは管理者への昇格や正社員化といった社内ステップアップのみならず、人材育成にも注力し、さまざまな側面から従業員の強み弱みを理解したうえで企業とマッチングしたり、ここで身につけたスキルを武器に活躍できるようサポートします。これは他社にはない独自のプログラムであり、人財輩出企業としても注目を集めています。

将来的に働く母親を起用するママスクエアへの依頼は、企業の社会的責任（ＣＳＲ）やダイバーシティー雇用の推進に寄与します。こうした企業が増えれば働く女性も増えてさまざまな好循環が生まれ、まちが活気づくでしょう。

すごいまちをつくる「1割の希少価値」を見つける

人口が少なく産業もない地方のまちは多数あり、各自治体は強い課題意識を持っているものの解決策を編み出せずにいます。ママスクエアが数々のまちと提携するなかで、まちの魅力を生かす自治体と生かしきれない自治体の違いが見えてきました。まちの魅力を生かしきれないのは「うちのまちは何もない」という見方をする自治体です。自分のまちの強みが見えていないことが多いのです。企業誘致に目が向きがちですが、同時にまち独自の強みを生かす視点を持たねば活路は見い出せません。何もないと嘆くのか、強みを見出してアピールするのか、ここが運命の分かれ道です。９割の無ではなく、１割の希少価値を見るのです。

「落ちないりんご」は1割の希少価値を生み出した成功事例です。１９９１年9月28日早朝、津軽地方を襲った台風19号は猛威を振るい、強風で津軽地方全域に大きな被害を残しました。あらゆる建物や電柱が損壊するなか、りんご畑を見に行った農家の人々は愕然とします。収穫前のりんごが木から落ち、一面に転がっていたのです。ほとんどの人々が「りんごの9割が売れなくなった」と肩を落とす一方で、かろうじて木にぶらさがっているりんごを見つめる若い農園経営者がいました。彼はこの強風に耐えたりんごを「落ちないりんご」と名付け、全国の神社で受験生に縁起物として高価格で販売したのです。りんごは瞬く間に完売して起死回生の一助になり、メディアでも取り上げられ注目の商品になったという話もあります。こうした特殊な付加価値は、利便性に特化した都市部よりも地元特性を持つ地方のほうが付けやすいといえるでしょう。家賃や人件費が安く、ビジネスを立ち上げやすいのも地方の利点です。

また、企業と協業する場合は企画の主導権を委ねるのも手だと考えます。ビジネスの相場観を持っている企業がビジネスの土台となる企画を作ってから、自治体が調整・推進していくのが比較的手堅く効率的なのではないでしょうか。企画の肝は住民が喜ぶ目標を立てることです。まちに生きる人々の生活に貢献するビジネスであれば住民に支持され、新たな人の流入のきっかけにもなります。

ママスクエアを活用し、まちのブランディングを目指す自治体も多くあります。ママスクエアが提案するビジネスは、子育て・ママキャリア支援によるブランド価値向上も期待できます。２０１７年11月に連携協定を結んだ横浜市とは「日本一女性が働きやすい、働きがいのある都市」の実現を目指していきます。こうした女性の働きやすさ、子育てのしやすさを強みとするまちには若い子育て世代が多く集まり、財政基盤が安定するでしょう。

母が笑えば子も笑う　母親の笑顔がまちを明るくする

そもそも優秀な母親が働けない現状はおかしく、社会として解決すべき課題です。親子カフェの採用では、さまざまな経歴を持つ女性が数多く応募してきたことに驚きました。メガバンクの人事や大手流通チェーンの店舗開発など、豊富なキャリアを積んできた女性も珍しくありませんでした。そして、これほどの経歴がある女性たちが働く機会に恵まれていないことに愕然としました。

「子育て中の主婦」というだけで不採用になってしまうケースはとても多くあります。「どこに応募しても毎回断られてしまい、面接できただけで光栄です」と言って面接中に感極まって涙をこぼす母親もいました。応募電話で「子どもが２人います」というと「募集枠が埋まった」と断られたのに、翌週も同じ求人広告が出ていたという話も聞きました。数々の面接に断られ、不採用が続くと「社会に必要とされていないのでは」といった気持ちを抱く女性は少なくありません。

働きたい母親を阻む社会の壁はあまりにも分厚いのです。しかし、親子カフェでは数多くの面接を断られた母親を採用し、欠かせない主戦力となったケースを多く見ました。育児や家事に追われて毎日のスケジュールを秒単位で管理・遂行する子育て中の母親の能力は高く、仕事ぶりはまじめで熱心。子育て中というだけで子どもの熱などで突発的な欠勤が多い印象を持たれがちですが、学生とフリーターの欠勤率と主婦の欠勤率を比べると、母親のほうが低いのです。人が足りない時は「子どもを連れてきてよければシフトに入ります」と自ら申し出る協調性と柔軟性もあります。「こんなに機転が利くのに、カフェ業務に限定するのはもったいない」と考え、ＢＰＯ業務を担うママスクエアの構想につなげました。母親の採用に対して感じるデメリットの多くは先入観でしかなく、実際にはメリットが大きいのです。

企業やまちは、育児と社会を分断する壁ではなく架け橋になるべきです。「結婚して子どもを持ち、結婚あるいは出産の機会に退職し、それ以降は仕事をしない」という専業主婦は年々減少していて、家計のため、社会とのつながりを維持するために産後すぐに復職しようとする女性が増えています。内閣府の男女共同参画社会に関する世論調査でも「子どもができても、ずっと職業を続けるほうがよい」と考えている割合が男女ともに増加しており、従来の社会モデルから脱却すべき段階に突入しています。結婚や出産の前に積み上げてきたキャリアを無下にして貴重な労働力を損なう壁は、一刻も早く撤廃しなければなりません。

ママスクエアの使命は、子どもの笑顔を増やすことです。母親が笑顔になれば、子どもも笑顔になります。まちなどのコミュニティも、笑顔の親子が増えると活気に満ちて明るくなっていきます。母親が抱える苦労や心配を取り除き、心身ともに健康で笑える環境を用意したい。こうした思いに共感し賛同する企業やまちは多く、ママスクエアのホームページには協賛企業・団体のロゴがずらりと並びます。

ママスクエアは、女性が自分らしく能力を発揮するための長期的支援を「ビッグピクチャー」として掲げています。今後は子育てに限らず、介護にも注力していく予定です。ママスクエアで生き生きと働いていたスタッフが急に退職することになり、不思議に思って理由を聞くと「もうすぐ介護が始まるためです」と言うのです。子育て中に親の介護が始まってしまう人が増えてきて、母親が子どもと向き合い寄り添える期間が短くなっています。せめて子どもが小学校に入学する６歳までは安心して働けるように、サポートを拡充していきたいと考えています。近年、高齢者に対する脳トレ推奨なども行い、できるだけ働き手の親世代の健康な期間を増やして老化の進行を遅らせる取り組みに着手し、介護離職の対策にも取り組んでいます。

よりよいまち、社会を目指すなら、ビジネスの軸を本質からずらさず、一貫したビジョンを持って周りを動かす必要があります。ママスクエアのビジョンには多くの人々が共感し、同じビジョンを持つ従業員が集まりました。母親の「働きたい」という願いを叶え、子どもを笑顔にすることはみんなの願いだからです。

リーダーには多少のトラブルで折れない強い精神力も欠かせません。私はリクルートで困難を超えて成功したビジネスの事例をたくさん学んでいたため、創業初期の困難は想定済みでした。新しいビジネスは行動しなければ誕生せず、成功もしません。同じアイデアを持っていたとしても、行動した人と行動していない人の間には雲泥の差があります。行動にはリスクがついて回り、ビジネスに失敗しても自分で責任を負うしかなく、勇気が必要です。勇気ある行動によって、人々が生き生きと暮らす住みよいまちが生まれるのであればやった甲斐があるでしょう。

第5話

空き家問題の処方箋

～思い出の詰まった“すまい”を
負の資産にしないために～

田村 剛

一般社団法人全国空き家バンク推進機構　理事
茨城県境町　戦略会議委員

田村 剛

（たむら つよし）

Profile

Tsuyoshi Tamura

1984年株式会社リクルートに入社。

不動産・住宅領域（現SUUMO）にて部長、事業部長を歴任。ブライダル領域のカンパニー長を経て、2004年には中国上海にリクルート初となる事業会社を設立し、董事長兼総経理として約2年間駐在。帰国後、アクティブシニア向け情報誌事業の立ち上げを行い、同社を退職。 2010年6月株式会社LIFULL（東証一部）に執行役員として入社。 海外担当執行役員として中国、台湾、タイ、インドネシアで不動産ポータルサイトへの出資および現地法人の設立を推進。その後、国内事業のLIFULL HOME'S副本部長として業績拡大に貢献。2017年に国土交通省から「全国版空き家・空き地バンク」の開発・運用の委託事業者として選任され、1年で540を超える自治体が参画するLIFULL HOME'S空き家バンクを立ち上げる。また、地域活性化を推進するために地方創生推進部を創設し、鯖江市、釜石市、日南市、総社市とそれぞれ空き家に関わる包括提携を締結し、空き家の利活用を推進。同年「一般社団法人全国空き家バンク推進機構」の設立にも関わり、理事に就任。

2018年10月株式会社LIFULLを退職し、2019年4月より茨城県境町の参与兼戦略会議委員として“まちづくり”にも携わっている。

空き家の現状（いま）

２０１８年の住宅・土地統計調査（総務省）によれば全国の空き家数は８４６万戸。総住宅数に占める割合は一貫して増え続け、13・6％となっています。（図表1）

国は放置された空き家が周囲に悪影響を及ぼすことを防ぐため、２０１５年に空き家対策特別処置法を施行。しかし、18年度末までに助言・指導、勧告に至った１６５００件に対し、代執行に踏み切ったのはわずか１％でしかなく、空き家は増加し続けているのです。

特に利用されることなく放置されている「その他空き家」がこの20年間で１・９倍に増加し、そのうち約７割が一戸建てとなっています。

空き家率の高い県として、山梨県（21・3％）、

空き家数の推移と種類別内訳　（図表1）

○ 住宅・土地統計調査（総務省）によれば、空き家の総数は、この20年で1.5倍（576万戸→846万戸）に増加。
○ 空き家の種類別の内訳では、「賃貸用又は売却用の住宅」（461万戸）等を除いた、「その他の住宅」（347万戸）がこの20年で1.9倍に増加。
○ なお、「その他の住宅」（347万戸）のうち、「一戸建（木造）」（239万戸）が最も多い。

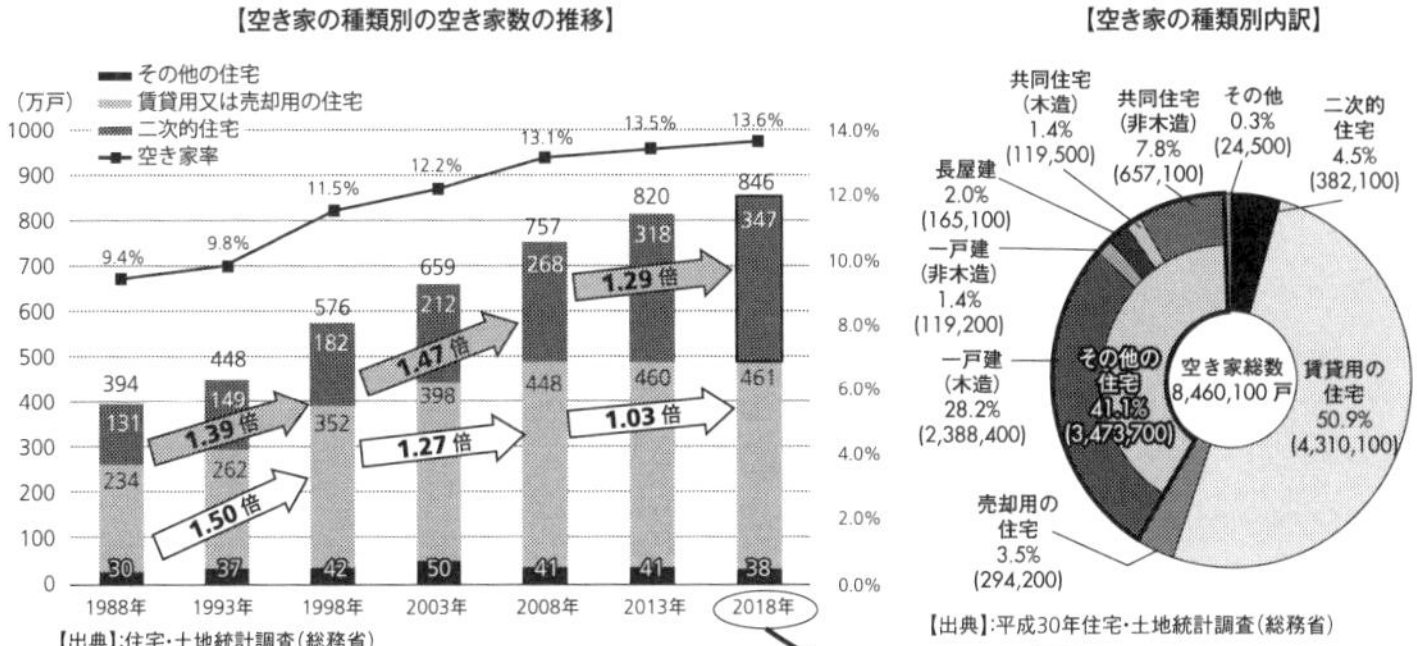

【出典】:住宅・土地統計調査（総務省）
【出典】:平成30年住宅・土地統計調査（総務省）

[空き家の種類]
二次的住宅:別荘及びその他（たまに寝泊まりする人がいる住宅）
賃貸用又は売却用の住宅:新築・中古を問わず，賃貸又は売却のために空き家になっている住宅
その他の住宅:上記の他に人が住んでいない住宅で，例えば，転勤・入院などのため居住世帯が長期にわたって不在の住宅や建て替えなどのために取り壊すことになっている住宅など

和歌山県（20・3％）、長野県（19・5％）、徳島県（19・4％）、高知県（18・9％）が上位にランキングされていますが、いまや空き家問題がない県はありません。（図表2）

今後はマンションでも同様に空き家（部屋）が増加すると予想され、国の調査によると、すでに所有者不明、もしくは連絡が取れない空き住戸があるマンションの割合が全体の3・9％に達していると言われています。

空き家問題は、まさに私たちの身近な問題なのです。

都道府県別の空き家率について（図表2）

○都道府県別の空き家率についてみると、別荘などのある山梨県、長野県などで高い。
○長期不在・取り壊し予定などの空き家である「その他の住宅」の占める割合は高知県、鹿児島県などで高い。

空き家率の高い都道府県		空き家（その他の住宅）率の高い都道府県	
全国平均	13.6%	全国平均	5.6%
山梨県	21.3%	高知県	12.7%
和歌山県	20.3%	鹿児島県	11.9%
長野県	19.5%	和歌山県	11.2%
徳島県	19.4%	島根県	10.5%
高知県	18.9%	徳島県	10.3%
鹿児島県	18.9%	愛媛県	10.2%
愛媛県	18.1%	山口県	9.9%
香川県	18.0%	香川県	9.7%
山口県	17.6%	宮崎県	9.1%
栃木県	17.4%	三重県	9.0%

【出典】:平成30年度 住宅・土地統計調査（総務省）

[空き家の種類について]
二次的住宅:別荘及びその他（たまに寝泊まりする人がいる住宅）
賃貸用又は売却用の住宅:新築・中古を問わず,賃貸又は売却のために空き家になっている住宅
その他の住宅:上記の他に人が住んでいない住宅で,例えば,転勤・入院などのため居住世帯が長期にわたって不在の住宅や建て替えなどのために取り壊すことになっている住宅など

空き家はなぜ増えるのか

では空き家はなぜ増えるのでしょうか？　まずは図表3を見ていただきましょう。このグラフは我が国の長期人口推移（国土交通省作成）を表したものです。日本の人口は2008年にピークを迎えてお

我が国の人口の長期的推移　（図表3）

○ 日本の総人口は、2008年をピークに、今後80年間で約100年前（大正時代後半）の水準に戻っていく可能性。

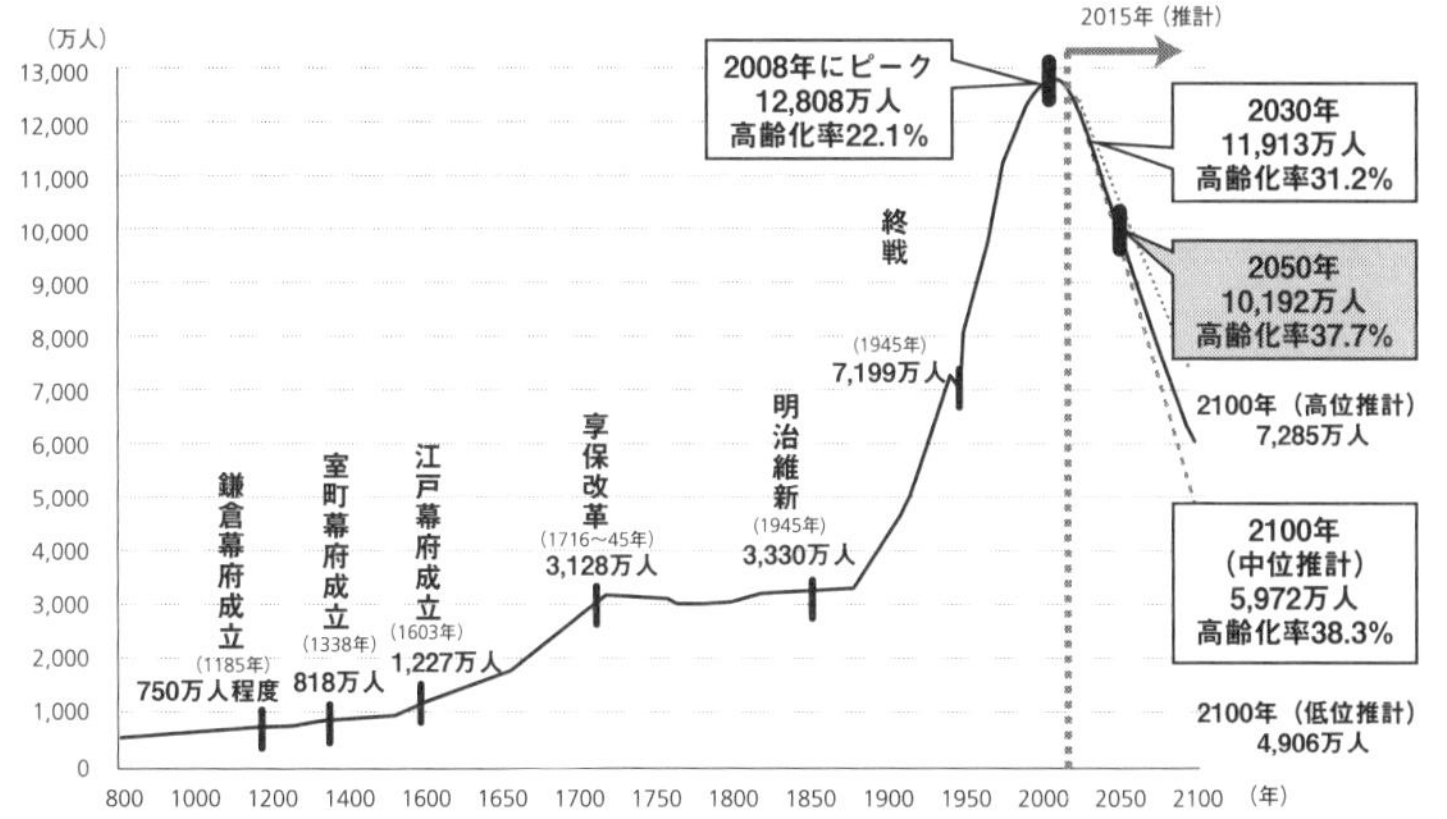

（出典）1920年までは、国土庁「日本列島における人口分布の長期時系列分析」（1974年）、1920年からは、総務省「国勢調査」、「人口推計年報」、「平成17年及び22年国勢調査結果による補間補正人口」、2015年からは国立社会保障・人口問題研究所「日本の将来推計人口（平成29年推計）」を基に作成。

り、２０５０年までに約２６００万人が減少すると予測されています。（図表３）２０５０年までに東京都、埼玉県、千葉県の１都２県を足した人口がほぼなくなるぐらいのインパクトになります。

これだけの人口が減少するわけですから、空き家は今後も必然的に増加するわけです。

地域別に見てみると、人口規模が小さい市町村ほど人口減少率が高くなる傾向があり、２０１５年時点で人口が１万人未満の市町村では、人口がおよそ半分に減少する可能性があると予測されています。（図表４）

一方、新たに新設される住宅は、「新築住宅着工戸数の実績と予測結果」（野村総合研究所２０１９・６・20発表）（図表５）によると１９９６年度以降減少が続いているもの

2050年におけるメッシュ別の人口減少率　（図表4）

○ 2050年には、全国の居住地域の約半数で人口が50%以上減少し、人口の増加がみられる地域は都市部と沖縄県等の一部の地域に限られる。なお、平成27年国勢調査時点の居住地域は国土の約5割となっている。
○ また、人口規模が小さい市区町村ほど人口減少率が高くなる傾向があり、特に2015年時点の人口が1万人未満の市区町村で、人口がおよそ半分に減少する可能性。

将来の人口増減状況（1kmメッシュベース、全国図）

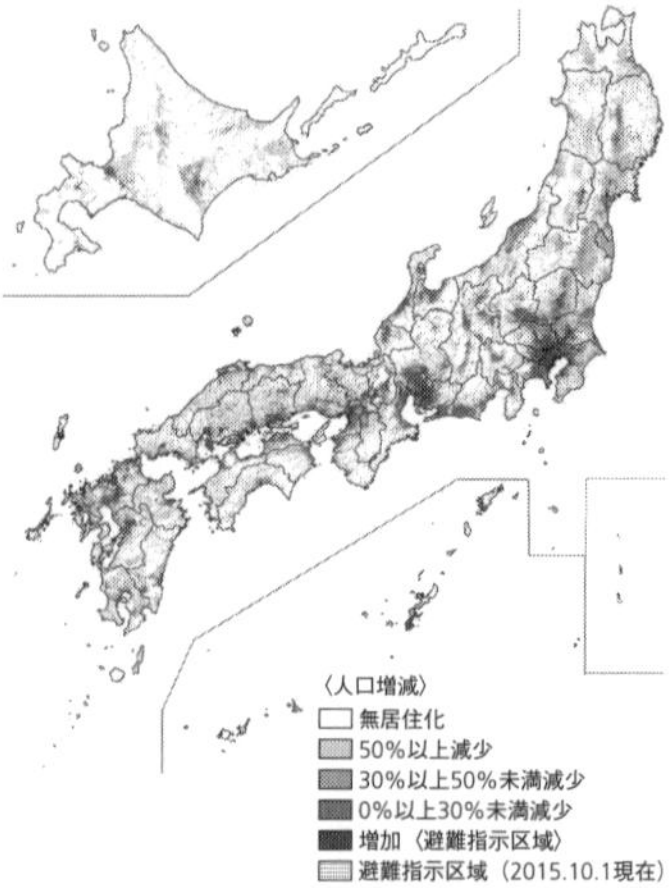

人口増減割合別の地点数（1kmメッシュベース）

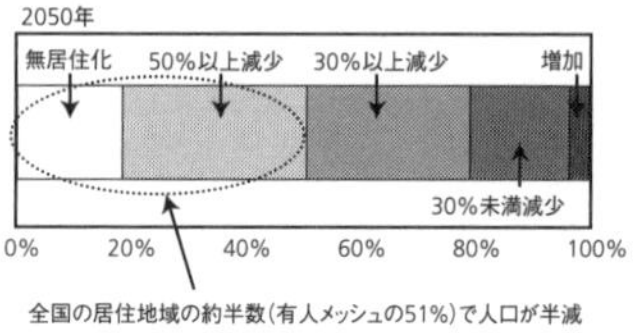

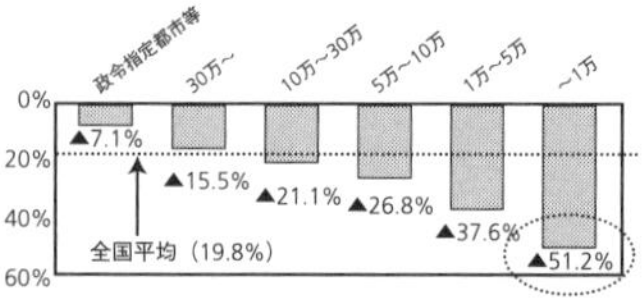

（備考）
1.総務省「平成27年国勢調査」、国立社会保障・人口問題研究所「日本の地域別将来推計人口（平成30年推計）」等より、国土交通省国土政策局作成。
2.左図で、平成27年国勢調査時点（平成27年10月1日現在）における避難指示区域を黒塗り（斜線）で示している。

新設住宅着工戸数の予測結果　（図表5）

①移動世帯数の減少、②平均築年数の伸長、③名目GDPのほぼ横ばい等により、新設住宅着工戸数は2030年度には63～68万戸に減少する見通し

新設住宅着工戸数の実績と予測

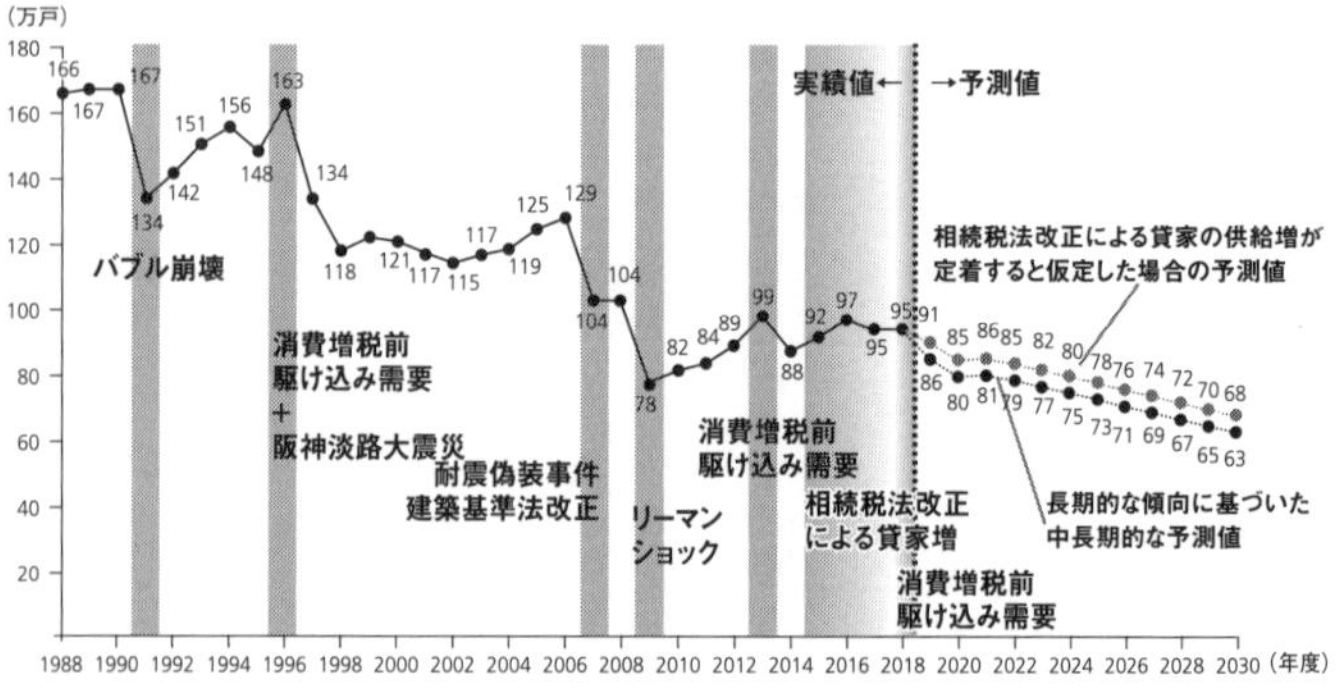

出典:野村総合研究所

【出所】実績値:国土交通省「住宅着工統計」　予測値:NRI

の、２０１８年度で95万戸が供給されており、２０３０年度でも約60万戸が供給されると予測されています。（図表５）

同じ野村総合研究所予測（２０１７・６・20）では、２０３３年に3軒に1軒は空き家になるとの予測もあり、我が家の隣は空き家という状況が、どの市町村でも見られる風景になると予想されます。

空き家が増加することで、以下のようなさまざまな悪影響が起こると指摘されています。

・防災性の低下
・防犯性の低下
・ゴミの不法投棄
・衛生の悪化、悪臭の発生
・風景、景観の悪化

また、放置された空き家が増加することで周辺地価の下落を招く可能性もあり、不動産取引も難しくなってきます。今後さらに空き家率が上昇すると、生活インフラの維持・管理も難しくなる地域が増えることになります。

空き家問題は、持続可能なまちづくりのためにも対処すべき問題なのです。

空き家問題の解決に向けてこれまで取り組んできたこと

①全国版空き家・空き地バンクの立ち上げ

私はこれまで、不動産情報ビジネスに長く携わってきました。株式会社リクルートでは住宅情報事業（現ＳＵＵＭＯ）で、株式会社ＬＩＦＵＬＬではＬＩＦＵＬＬ ＨＯＭＥＳで、計27年間〝人と住まい〟のベストマッチングを目指し、さまざまな取り組みを行ってきました。特に提供する物件情報の量と質にはこだわってきました。しかし、あくまでも宅建免許を持つ不動産会社が取り扱う不動産情報が前提でした。

ところが空き家が社会問題化される中、不動産会社が取り扱わない「その他空き家」が全国に３１８万戸（２０１３年時点）存在することがわかりました。また、特別区を除く１７１８ある基礎自治体の中で、地域内の空き家情報を提供する「空き家バンク」を運用している市町村は７００程度に止まり、情報量も少なく十分機能していないこともわかりました。

そこで、指数理論・ビッグデータ解析・不動産経済学が専門で、住宅・不動産マーケットの研究では第一人者の清水千弘教授（東京大学空間情報科学センター、日本大学スポーツ科学部）と、空き家問題の現状把握と解決策を検討するために「日本の住まいの未来を創る会」という非公式な勉強会を岐阜県大垣市と大阪府池田市で立ち上げました。

勉強会には自治体、地方銀行の担当者、不動産鑑定士、宅建事業者にもご参加いただき、それぞれの地域の空き家の現状を把握し、対応策を議論する中で、空き家問題の根深さを実感することになります。

私は国を巻き込む必要があると考え、勉強会などを通じて得た自治体、地元不動産会社、空き家オーナー、空き家利用希望者のそれぞれの現状と課題、また各地の「空き家バンク」の課題を、定期的に国土交通省大臣官房建設流通政策審議官、不動産業課長に共有させていただくことにしました。

そして、空き家問題の対策の一つとして誕生したのが、「全国版空き家・空き地バンク」です。

そもそも「空き家バンク」は各自治体の独自運営に任されており、制度も仕組みもバラバラの状態で、以下のような課題がありました。

・一般の物件検索サイトのように日本全国の空き家情報を住所や沿線・駅、価格（賃料）などで検索できない
・物件情報として必要な表記項目も統一されておらず、価格（賃料）も決まっていない物件が散見された
・空き家バンクの仕組みが異なり、空き家情報もデータ化されておらず、紙のみで運用されている自治体も存在している
・問い合わせ方法や問い合わせ後の対応も自治体によって異なっている

このような状況を踏まえ、空き家ベータベースの一元化による情報の集約と、仕様が異なる「空き家

バンク」の乱立を避けるために、国交省が主導する形で「全国版空き家・空き地バンク」を構築することが正式に決定されました。その開発・運用については、公募によって株式会社ＬＩＦＵＬＬとアットホーム株式会社の2社が選定され、２０１７年10月に2つのサイトがリリースされました。

しかし、この「全国版空き家・空き地バンク」に参画するかどうかは、自治体の判断に委ねられており、すべての自治体が参画するものではありませんでした。そこで国交省と協力して、全国の自治体担当者向けに、北は北海道から、南は沖縄まで「全国空き家・空き地バンク」の参画を促すための説明会を実施しました。

自治体の空き家問題への関心が高まり、２０１９年2月時点で2社の「全国版空き家・空き地バンク」への参画数は６０３自治体となり、９０００件を超える物件が登録されるまでになっています。また、これまで確認できた成約物件数は、累計で１９００件を超えています。

いまでは、「農地付き住宅」や「公的不動産」も検索できるようになっており、物件所在地ごとのハザード情報も確認できるよう機能アップされています。

※各運営事業者が運営する全国版空き家・空き地バンクサイト
・株式会社LIFULL　URL: https://www.homes.co.jp/akiyabank/
・アットホーム株式会社　URL: https://www.akiya-athome.jp/
・国土交通省　URL: http://www.mlit.go.jp/

②一般社団法人全国空き家バンク推進機構の立ち上げと首長へのアプローチ

「全国版空き家・空き地バンク」をより多くの自治体に活用していただくために、元佐賀県武雄市長の樋渡啓祐さんと一般社団法人全国空き家バンク推進機構（理事長：樋渡啓祐、通称：ＺＡＢ）を設立しました。

私も設立とともに理事に就任し、各領域の有識者を理事に迎え、全国市町村の首長へ「全国版空き家・空き地バンクの活用」と「空き家の利活用促進」について働きかけを行うことにしました。自治体の意思決定には、首長のリーダーシップが欠かせないからです。

〈理事長〉

樋渡啓祐氏（元佐賀県武雄市長）

〈理事〉

浅見泰司氏（東京大学大学院工学系研究科都市工学専攻教授）

石川治江氏（福祉法人にんじんの会理事長）

清水千弘氏（東京大学空間情報科学研究センター特任教授）

田村剛(元株式会社ＬＩＦＵＬＬ 執行役員)

中田宏氏（元横浜市市長）

村岡浩司氏（株式会社一平ホールディングス代表取締役）

米津宏氏（株式会社プロファイブ・コンサルタンツ代表取締役）
〈事務局長〉
池上明子氏（別府市職員）＊2019年12月現在
事務局には大分県別府市、佐賀県武雄市、茨城県那珂市から職員を迎え、官民が連携しやすい体制を作り、さまざまなルートを通じて、全国の首長とのネットワークを構築しています。
現在では、空き家バンクの活用にとどまらず、空き家の利活用や移住・定住、人材育成などについて別府市、武雄市、秋田県北秋田市、沖縄県今帰仁村、福岡県うきは市、三重県などと個別に連携協定を締結させていただき、官民連携の橋渡しの機能も担っています。
また、全国578団体が加盟する「2020東京オリンピック・パラリンピックを活用した地域活性化推進首長連合」と連携し、全国どこでも誰でも参加でき、応援しながらみんなで盛り上がれる地域コミュニティの場「応援村（OUEN―MURA）」の開設と普及活動を行っています。
地域コミュニティの崩壊が持続可能なまちづくりを阻害しており、空き家問題の要因にもなっています。応援村は、地域コミュニティの再構築の役割を担うと考えています。2020東京オリンピック・パラリンピック開催時（1年程度の延期が決定）には、日本全国2000カ所での「応援村」の開設を目指しています。

③地方創生に積極的な自治体との連携を強化

株式会社ＬＩＦＵＬＬ在籍時には、「ＬＩＦＵＬＬ ＨＯＭＥ'Ｓ空き家バンク」の立ち上げとともに、地方創生推進部を創設し、岩手県釜石市、福井県鯖江市、宮崎県日南市、岡山県総社市と空き家の利活用を通じた地域活性化連携協定を締結しました。

具体的には、「空き家の掘り起こし、集約、発信」「遊休不動産の利活用」「民泊推進」「これらを推進する人材育成」をテーマに現在も継続して取り組んでいます。

釜石市と総社市には行政職員と伴走できる社員を派遣し、現地に移住し活動を行っています。

空き家オーナー向けに遺品整理・家財道具片付けワークショップや空き家対策セミナーの実施、空き家をリノベーションした宿泊施設やサテライトオフィスの開設など具体的な成果にもつながっています。

＊応援村OUEN-MURA
https://ouen-mura.com

釜石市

鯖江市

日南市

また、先進的に地域活性に取り組む岡山県西粟倉村、広島県尾道市、徳島県神山町、兵庫県丹波篠山市などにも足を運び、持続可能な地域創生にはヒト、モノ、カネ、チエの循環が必要であることを実感しました。

そこで2018年5月に鈴木英敬三重県知事、長野恭紘別府市長、﨑田恭平日南市長、仲川元庸奈良市長をはじめ、地方創生に独自の取り組みで成果を挙げられている第一人者の皆様にご参加いただき、これから地方でチャレンジしたい人が集う「LIFULL地方創生Challengersフォーラム」を開催しました。NPO法人エティックの宮城治男代表理事、一般社団法人Next Commons Labの林篤志代表、一般社団法人ノオトの金野幸雄代表理事、株式会社machimori市来広一郎代表取締役などが一堂に会し、チャレンジする上でのアドバイスや、ネットワーク作りの場を提供させていただきました。

2019年5月には私の後任が、地方自治体の課題である人材育成を目的に「空き家相談の担い手育成講座」をスタートさせています。また地方創生に欠かせない〝おカネ〟の課題を解決するため、空き家利活用のための新たなお金の流れを創ることを目的に「地方創生ファンド」も設立しました。

私自身は株式会社LIFULLを退職し、内閣府地方創生人材支援制度を活用して、2019年4月から茨城県境町の参与兼戦略会議委員として、直接的な〝まちづくり〟のお手伝いをしています。境町は、茨城県の県西地区にあり、人口24127人（2019年9月1日現在）の鉄道が通っていない小さな町。そんな小さな町でも独自の英語教育強化や子育て支援、利根川大花火大会の開催、隈研吾氏設計の道の駅「さかい河岸レストラン茶蔵」の開設、ハワイ州ホノルル市との友好都市締結などを通じて、移住・定住の促進、関係人口の増加に取り組んでいます。

２０２０東京オリンピック・パラリンピックでは、アルゼンチン共和国選手団のホストタウンにもなっており、小さな町ではありますが、茨城県の中でも人口減少数は少なく、ふるさと納税（平成30年度全国８位）や企業版ふるさと納税にも積極的に取り組むことで、５年連続で財政の健全化も実現しています。

空き家利活用のヒント

空き家の利活用にも、持続可能なまちづくりのためにも、最後はやっぱり地域で頑張る〝ヒト〟が必要です。

ＩＴの進化やシェアリングエコノミーの広がりとともに都市部の若者の価値観が確実に変化しつつあり、デュアラーの出現や多拠点生活、小商いや副業による自己実現を求める人が増えています。また働き方改革により、これまでの当たり前だった働き方も大きく変わろうとしています。テレワークやワーケーションもその一つです。そして、都市部で育った若者の地方への関心がますます高まってきています。

＊茨城県境町サイト:http://www.town.sakai.ibaraki.jp

いまこそ自治体や地域の大人（ひと）たちは、よそ者や変わり者（地域で変わったことをやろうとしている人・やっている人）を支援・協力し、地元住民との交流を通じて、地域に埋もれた新たな価値を生み出す努力が必要です。そして、人が人を呼ぶ多様なコミュニティ作りが重要なのです。

空き家を貸す場合も、普通借家契約だけではなく、ＤＩＹ型賃貸、定期借家、住宅セーフティネット制度など、これまでオーナーが抱えていた不安を取り除く制度が次々と整備されてきています。空き家を宿泊施設として貸す場合も、２０１８年6月15日に民泊新法が施行され、法的に整備されました。空き家の改修にかかる費用や移住に伴う補助金制度も充実してきており、空き家活用の背中を押す制度が整いつつあります。資金調達についても、クラウドファンディングや不動産特定共同事業法の改正などで選択肢が増えています。また遺留品を整理する専門業者や空き家を管理する業者など新たなビジネスも生まれてきています。

これまで手がつけられず、お困りの空き家オーナーは、ぜひ一度自治体窓口で相談していただきたい。きっとよい解決策が見つかるはずです。空き家を放置するオーナーがまず意識を変えることが、空き家利活用の第一歩なのです。

これからは空き家を生まない取り組みも必要

空き家となった住宅の取得原因の56・４％（２０１４年空き家実態調査）が相続による取得となって

空き家の取得原因等　（図表6）

○ 空き家となった住宅の取得原因は、相続が半数以上を占める。
○ 空き家の所有者の約4分の1が遠隔地（車・電車などで1時間超）に居住。

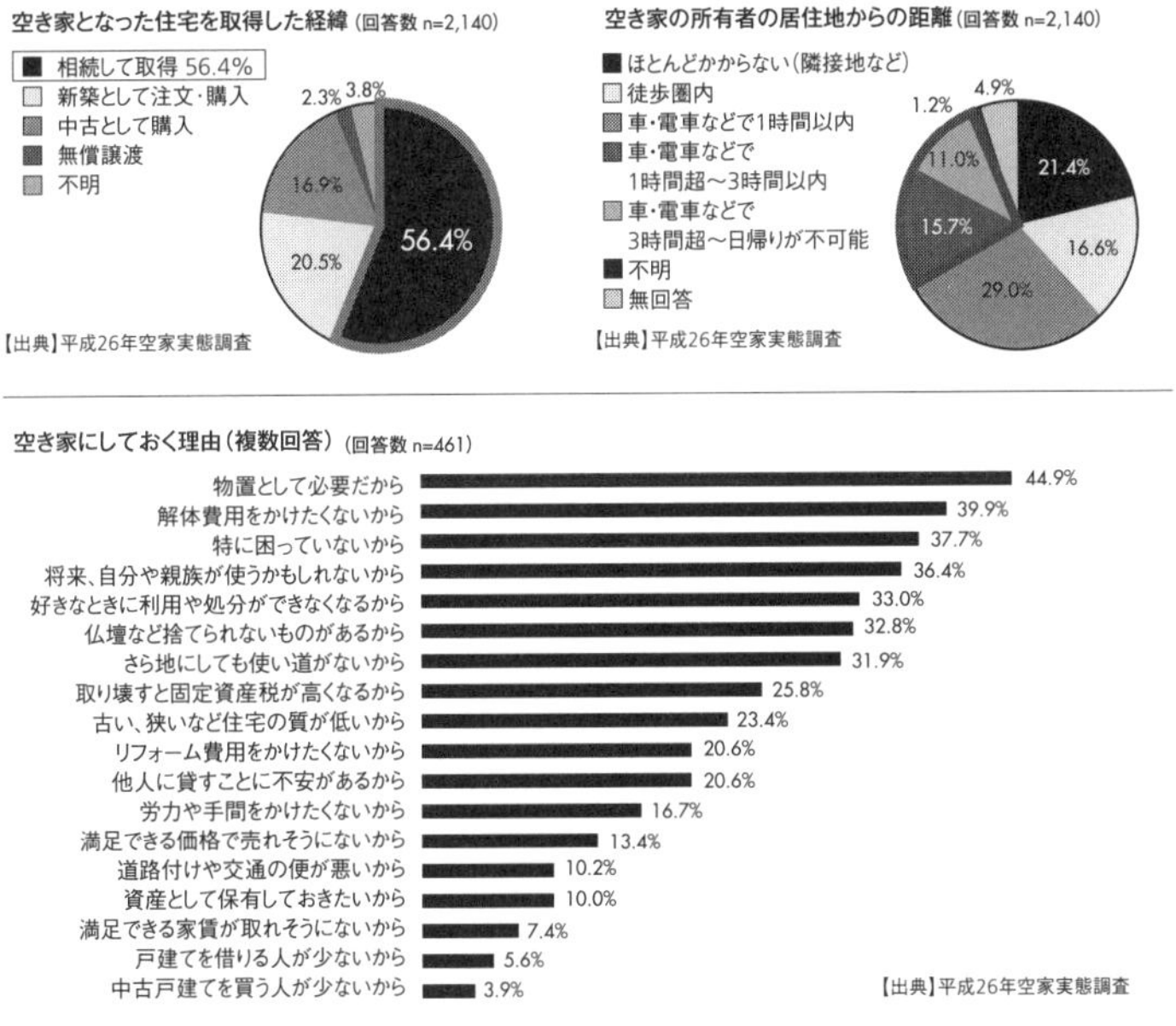

【出典】平成26年空家実態調査

【出典】平成26年空家実態調査

【出典】平成26年空家実態調査

います。（図表6）

1960年代の高度成長期に地方の若者が大量に3大都市圏に流出し、そのまま都市圏で居を構えた結果、空き家の相続人が地元にいないケースが増加しています。空き家が遠隔地にあるため、仏壇や遺留物の整理も進まず、利用されないまま年月が経ち、家屋が朽ちていくケースが多く見られます。

人が住まず、長く放置された空き家は、リフォームをしないと人に貸せない、貸せるかどうかわからないのにリフォーム代を捻出しなければならず、取り壊すにもお金がかかるという負のスパイラルに陥ります。負の資産化へまっしぐらです。

そうならないためにも家主が亡くなる前に思い出の詰まった〝我が家〟（実家）をどうするか、家族で話し合っておくことが重要です。「家族信託」で家族・親族に管理を託すのも一案です。とにかく放置しないことが地域社会に貢献することにもつながるのです。

持続可能なまちづくりのヒント

2018年10月に世界一美食の街サンセバスチャン（スペイン、バスク地方）を、2019年7月に全米で最も住みたい街として有名なポートランド（アメリカ、オレゴン州）をそれぞれ訪問しました。どのようにしてこの二つのまちは、人を惹きつける街に変貌したのか、持続可能な〝まちづくり〟のヒント探しの旅です。

訪問して改めて感じたことは、行政の役割はもちろん重要ですが、持続可能なまちづくりには、そこで暮らす住民たちが自分ごととして積極的に関わっているということです。すべて行政任せにするのではなく、そこに暮らす住民自身がどういう〝まち〟にしたいのかを考え、行政と一緒になって取り組むことが、地域の活性化につながるのだと確信しました。

圧倒的な当事者意識を持った住民たちは、街中で新たなチャレンジをしようとする人たちに〝チエ〟と〝スキル〟をシェアすることで、新たな価値を生んでいます。

サンセバスチャンでもポートランドでも、お互いの技術を向上させ、独自の文化を創造することでまち全体の価値が上がるという連鎖が生まれています。

この二つのまちと日本の成功事例から、私なりに考える持続的に地域が活性化していくためのポイントは次の6つになります。

・車中心から人中心のまちづくりへの変換
・まちとしてのビジョンの明確化と宣言
・横並び行政からの脱却
・住民同士の〝チエ〟と〝スキル〟のシェア
・多様なアメニティの集積
・エンターテイメント（スポーツ）の存在

ここ数年、日本においても各地でさまざまな取り組みが始まっており、個性的で魅力的なまちが生まれつつあります。首長のリーダーシップと住民を巻き込む力が、若者の〝こころ〟に火をつけ、魅力的なまちづくりにつながるのだと確信しています。そうした地域では、空き家もまた利活用され、生かされるのです。

「未来は自分たちが作る」。そんな思いで〝まちづくり〟に取り組む地域が増えることを期待しています。

第6話

カリスマ不要、普通の人々が担い育て続ける地域づくり

～まち・むらの課題を、まち・むらの力で解決する小規模多機能自治～

川北 秀人

IIHOE［人と組織と地球のための国際研究所］代表者
ソシオ・マネジメント　編集発行人

川北 秀人

（かわきた ひでと）

Profile　***Hideto Kawakita***

1964年大阪生まれ。1987年に京都大学卒業後、株式会社リクルートに入社。人材開発部（大阪、欧米）、広報室（社内広報担当）、広告事業部企画室、同 海外採用開発課に在籍し、1991年退職。その後、国際青年交流NGOの日本代表や国会議員の政策担当秘書などを務め、1994年にIIHOE設立。市民団体のマネジメントや、企業の社会責任（CSR）への取り組みを支援するとともに、NPO・市民団体と行政との「協働しやすさ」を7段階で評価する世界初の「協働環境調査」を2004年から5回にわたって実施するなど協働の基盤づくりを進めている。また、地域自治組織の先進地である島根県雲南市の地域自主組織制度を、2006年の立ち上げ当初から支援するなかから「小規模多機能自治」の推進を提唱。同市などの呼びかけにより2015年に設立された「小規模多機能自治推進ネットワーク会議」には250以上の自治体が参加し、農山漁村部だけでなく、今後は都心部でも急速に進む高齢化や人口減少に備えた住民自治や地域経営のあり方をともに学んでいる。

人「交」密度を高める小規模多機能自治

まちづくりや住民自治といったテーマに関心をお持ちだったり、住民として、あるいは仕事として取り組んでいらっしゃる方なら、雲南市（島根県）や南砺市（富山県）、東近江市（滋賀県）、長崎市などの取り組みが注目を集めていることはご存知でしょう。その4市に共通するのは、「小規模多機能自治推進ネットワーク会議」（※）という組織で、幹事などの役員を務めてくださっていること。「そんなのマスメディアで見聞きしたことない」とおっしゃる方、ごもっともです。小規模多機能自治がめざすのは、テレビや新聞などに紹介されるような「絵になる」リーダーがいなくても、普通の人々が担い、育て続けるまちづくりだからです。

「小規模多機能自治」という言葉は、真摯かつ謙虚に、地域づくりを積み重ねてこられた方々の姿を拝見して、自然に生まれてきたものです。

2006年10月、雲南市の地域自主組織やその準備組織の方々を対象に開催された1泊2日の合宿研修でのこと。ご参加くださった方たちが、より良い地域づくりのために、普段からどんなに懸命に、また真摯かつ謙虚に取り組み続けていらっしゃるか。その一端を知ることができたとき、地域が「元気だ」とか「力がある」と言われるのは、人口の数が多かったり、人口密度が高かったり、若い世代の比率が高かったりするからではなく、人「交」密度、つまり人の交わりの密度が高いからであり、その実現の

（※）「小規模多機能自治推進ネットワーク会議」
（https://www.facebook.com/ShoukiboJichi/）

ために、行事から福祉や経済といった事業へと、地域の役割や機能を進化させつつあることに、気付くことができたのです。

その直後からこの言葉は、とてもありがたいことに、命名者である私がなんの働きかけもないのに、各地で、いろんな人たちが、とても自然に使ってくださるようになりました。当然といえば当然ですが、新たに生み出された概念やしくみではなく、その必要性も有効性も十分に実証されていることに、名前を付けただけに過ぎないからでしょう。

そして2015年2月には、雲南市・伊賀市（三重県）・名張市（同）・朝来市（兵庫県）の4市の呼びかけによる「小規模多機能自治推進ネットワーク会議」が発足。わずか1か月ほどの間に参加を表明してくださった自治体は140を超え、設立総会の会場には、席が足りなくなってしまうほど多くの方々がお越しくださいました。

それから5年間で、会員自治体数は263（1県209市50町3村）へと1・5倍に増えました。図表1からおわかりいただけるように、その会員は決して農村漁村部だけではありません。大阪市・神戸市をはじめとする政令指定市は全20市のうち6市が、県庁所在地市は全国46市中18市が、中核市も全国58市のうち22市が、すでにご参加くださっています。

同会議の規約第2条で、小規模多機能自治を以下のように定義しました。

「自治会、町内会、区などの基礎的コミュニティの範域より広範囲の、概ね小学校区などの範域におい

（図表1）

小規模多機能自治推進ネットワーク会議 会員自治体（2020年3月現在）

北海道	群馬県	岐阜県	竜王町	田辺市	広島県	長崎県
旭川市	前橋市	関市	京都府	鳥取県	呉市	長崎市
北見市	富岡市	羽島市	舞鶴市	鳥取市	竹原市	佐世保市
夕張市	埼玉県	恵那市	長岡京市	岩美町	尾道市	島原市
士別市	鶴ヶ島市	瑞穂市	京丹後市	大山町	三次市	諫早市
ニセコ町	千葉県	養老町	与謝野町	南部町	東広島市	平戸市
下川町	館山市	静岡県	大阪府	日南町	廿日市市	対馬市
青森県	白井市	静岡市	大阪市	島根県	世羅町	壱岐市
平川市	香取市	富士市	豊中市	島根県	山口県	五島市
中泊町	東京都	磐田市	茨木市	松江市	下関市	西海市
おいらせ町	調布市	掛川市	八尾市	浜田市	宇部市	雲仙市
三戸町	神奈川都	袋井市	富田林市	出雲市	萩市	熊本県
岩手県	横須賀市	裾野市	大東市	益田市	防府市	熊本市
花巻市	平塚市	半田市	池田市	大田市	光市	八代市
一関市	小田原市	愛知県	門真市	安来市	周南市	荒尾市
二戸市	茅ヶ崎市	豊田市	兵庫県	江津市	平生町	日田市
奥州市	逗子市	新城市	神戸市	雲南市	徳島県	佐伯市
遠野市	新潟県	大府市	姫路市	奥出雲町	徳島市	大分県
雫石町	新潟市	高浜市	尼崎市	飯南町	鳴門市	竹田市
西和賀町	三条市	岩倉市	明石市	川本町	香川県	杵築市
金ヶ崎町	十日町市	北名古屋市	西宮市	美郷町	高松市	宇佐市
住田町	村上市	大口町	伊丹市	邑南町	丸亀市	宮崎県
宮城県	糸魚川市	東浦町	豊岡市	吉賀町	さぬき市	宮崎市
白石市	魚沼市	設楽町	西脇市	津和野町	三豊市	都城市
登米市	阿賀町	豊根村	宝塚市	海士町	愛媛県	小林市
栗原市	関川村	三重県	三木市	西ノ島町	今治市	日向市
東松島市	富山県	伊勢市	川西市	知夫村	宇和島市	西都市
大崎市	氷見市	松阪市	三田市	隠岐の島町	西予市	日之影町
丸森町	南砺市	桑名市	加西市	岡山県	新居浜市	鹿児島県
加美町	石川県	鈴鹿市	丹波篠山市	岡山市	高知県	鹿屋市
秋田県	七尾市	名張市	養父市	倉敷市	高知市	垂水市
横手市	白山市	亀山市	丹波市	津山市	南国市	薩摩川内市
男鹿市	福井県	伊賀市	南あわじ市	玉野市	須崎市	日置市
湯沢市	福井市	東員町	朝来市	笠岡市	福岡県	曽於市
美郷町	小浜市	明和町	多可町	井原市	大牟田市	いちき串木野市
山形県	大野市	滋賀県	上郡町	総社市	柳川市	
鶴岡市	山梨県	大津市	佐用町	瀬戸内市	筑後市	志布志市
川西町	都留市	長浜市	奈良県	高梁市	筑紫野市	南九州市
福島県	長野県	近江八幡市	生駒市	新見市	宗像市	錦江町
相馬市	長野市	草津市	葛城市	備前市	佐賀県	沖縄県
南相馬市	上田市	甲賀市	宇陀市	赤磐市	佐賀市	宜野湾市
石川町	茅野市	湖南市	広陵町	真庭市	唐津市	
茨城県	東御市	高島市	吉野町	美作市	小城市	
龍ケ崎市	高森町	東近江市	和歌山県	浅口市	嬉野市	
行方市		日野町	橋本市	美咲町	白石町	

て、その区域内に住み、又は活動する個人、地縁型・属性型・目的型などのあらゆる団体等により構成された地域共同体が、地域実情及び地域課題に応じて住民の福祉を増進するための取り組みを行うこと」。

言い換えれば、地域の規模がどんなに小さくても、自分たち自身でできることを増やし続けること。その成果として、人「交」密度が高まり、くらしが守られ、地域の持続可能性が維持され、高まり続けることにも結び付くでしょう。

市民活動の支援が、「NPOのマネジメント」から「小規模多機能自治の推進」へと進化した

実は私自身、2006年に雲南市にお招きいただいた時点では、まちづくり・地域づくりについて経験も知見も全くありませんでした。そんな私がなぜ、小規模多機能自治の有効性を体感し、必要性を説き、進めるしくみづくりを促すために全国各地で開催される勉強会にお招きいただくようになったのか。しばし、その経過にお付き合いください。

バブル絶頂期の1990年から91年にかけて、採用市場の逼迫から関心が高まった「日本から海外への留学生」や「海外から日本への留学生」の採用を働きかける担当をしていたリクルート入社4年目。国境を超える国際採用には、各国の文化・習慣を理解するだけでなく、法令に基づく契約などを適切に

行う必要があることから、「この仕事を顧客のためにちゃんとやるには、弁護士の資格を取るしかない」と思い込み、退職。受験勉強4年目の1995年1月に起きた阪神・淡路大震災の被災地・神戸で、被災された方々のために情報を集めてお届けするボランティアをする中で、緊急時に求められる市民・企業・行政の連携を可能にするには、平時からの連携が不可欠であることを体感しました。

それをきっかけに、市民・企業・行政の平時の連携を促すために、まずは最も脆弱だったNPO（非営利組織）のマネジメント力の向上を促すことを仕事にし始めたのです。以来、マーケティング、ボランティアのマネジメント、事業や組織の評価、ガバナンス、情報開示、業務品質管理まで、NPOのマネジメントに求められる基本的な項目のすべてに、たったひとりで対応できる、おそらく世界で唯一の市民活動支援者として、行政などからの大きな委託や、財団などからの助成を受けずに（正確には、受けられずに）、お手伝いを積み重ねてきました。

そして2006年。島根県で開催されたNPOと行政との協働を促進する研修に参加された、雲南市の職員さんから「当市のまちづくりを担う住民自治組織の役員対象の研修の講師を担当してほしい」というご依頼をいただきました。同じボランティアでも、NPOは目的のもとに集まるのに対し、住民自治組織は「そこに住む人々」の集合体であり、そもそもマネジメントなど無理だし、その支援の経験もないため、お断りしようと思っていました。

ところが同市の職員さんから、「地域の人たちには、活動計画はつくれても、事業計画がつくれない」

という言葉が。つまり、地域の人たちは、経験にもとづいて行事の一覧表をつくることはできても、地域のニーズにもとづく事業を立案し、その実践を通じて次の担い手を育てる機会をつくることができていない、ということです。ニーズにもとづく事業と組織づくりなら、まさに自分の得意分野。でも、自分がしたいこと（ウォンツ）ではなく、地域の多様な人々に求められること（ニーズ）に向き合う覚悟は、果たしてあるのか。そんな心配をしながら同市を訪れましたが、研修開始直後から、私の話を聞き、問いかけに応じて個人作業や協議を進めてくださる真摯で謙虚な姿勢に、それが杞憂だったと気付いたのです。

雲南市の小規模多機能自治は、なぜ、どうすごいか

島根県東部の出雲地方の南部6町村が合併して2004年に発足した雲南市。その面積553・2㎢は、東京都23区の約9割、琵琶湖の約8割、大阪市と堺市を足した広さの1・5倍にもあたる広さ。人口は2015年の国勢調査で3万9千人、人口密度は東京都23区の200分の1以下。高齢者率は36・5%と、全国平均より30年先に進んでいます。

同市内には、おおむねかつての小学校区にあたる範域ごとに「地域自主組織」が設立され、現在はその数30。その中には、行政から水道検針を受託して毎月全戸を訪問し、健康状態などを確認している地域もあれば、かつてJAや小学校だった建物で住民自らが小さな食品スーパーを運営している地域、20

年以上も前から公立の幼稚園の一室を住民が借りて放課後保育を運営し、今日の幼保一体型運営のモデルとなる取り組みを始めていた地域など、訪れると驚かされるような取り組みが、住民の方々により、市内各地で、実に自然に運営されています。

２００２年10月に設置された合併協議会で協議を重ねて策定された新市建設計画では、合併の本質である行財政改革とともに住民自治の進展が重要であることが指摘され、重点施策の一つとして「まちづくりやコミュニティ活動の活性化による住民自治の充実強化」を挙げ、住民自主活動やまちづくり活動と自治体との共同システムを構築することが重要であると位置付けられました。これを受けて、６町村の職員と合併協議会事務局による「コミュニティ・住民自治プロジェクトチーム」が構成され、わずか３カ月余りで、従来型の地域運営を見直し、住民自治の確保や住民参画のコミュニティ活動を推進するために、「地域自主組織」の発足などを織り込んだ詳細な提言をとりまとめられました。

この提言に基づき、２００４年の新市誕生直後から、市行政（政策企画部地域振興課）からの働きかけや支援を受けながら、おおむね小学校区ごとの各地域で、住民発意による地域自主組織設立に向けた話し合いが始まり、２００７年９月までに市内全地域で設立されました。もちろん、すべての地域で同時一斉に発足できるほど、理解や合意が進んでいたわけではなく、その間ずっと、市行政の担当者は丁寧に、根気よく、各地域の会議に出席し、出された質問や課題に真摯に答え続けられました。

住民に地域自主組織の設立を呼び掛けるために行政が２００６年４月に作成した「地域自主組織って

何?」という小さなリーフレットには、「集落(自治会)の役割と限界」という項目があり、そこには「集落の性質」として

①会合には主に世帯主が出席。「1戸1票制」→男性の年配者による発想で物事を考える。

②会合の内容を家族に伝えることが少ない。→女性や若者が考え、意見を言う機会がない。

③代表者は持ち回り(輪番制)。→新しいことに積極的に取り組むことが難しい。

といった問題に陥りがちになることを指摘。

これを踏まえたうえで、新しい地域運営母体としての地域自主組織を設けることによって、

①「1戸1票制」を打破し、子どもや若者、女性など幅広い世代が関わる「1人1票制」を実現する。

②生活の維持、福祉、楽しみの実現、産業振興など、幅広い分野の活動を進める。

③課題ごとに部会を設けるなど、住民一人ひとりが「気軽に取り組める」、「楽しく取り組める」、「やる気を発揮できる」しくみをつくる。

ことを実現しよう、と説明しています。

同市の行政と住民のすごさは、このように本質的に重要なことを行政が踏み込んで説明し、住民もそれを自分事と受け止めて実現できるよう、着実に動き続けるところに尽きます。地域自主組織がどのような事業を行うかは、それぞれの判断に基づきますが、いくつもの地域で「1人1票制」を実現するために「中学生以上の全住民を対象とした調査」を行い、世代別などで課題や希望がどのように違うかを

把握。また、住民も参加した「地域づくり活動検討委員会」が２００８年3月に取りまとめた「雲南市の地域づくりの活動のあり方に関する報告書」は、住民の主体性に基づく「住民活動支援」「生涯学習」「福祉」の３機能を備えた地域づくりの展開が重要であるとの提言も踏まえて、すべての地域自主組織は、その運営する交流センターや組織自らの事業として、かつて公民館が担ってきた生涯学習・社会教育のみならず、地域づくりと福祉に関する事業も実施しています。

たとえば、面積20㎢強（東京都千代田区と中央区を足したほどの広さ）に約４００世帯・約１３００人が住む鍋山地区では、自治会長などがボランティアで独居高齢者などの見守りを行っていましたが、その訪問時のクルマの燃料代の補助を行政に要望したところ、逆に行政から水道検針の受託を提案され、現在では地域組織の事業として検針時に顔色・体調・環境（家や周辺の片付き具合い）・声の４項目を確認。不調が感じられれば、行政などに連絡するという活動を続けています。鍋山地区に隣接する中野地区（面積20㎢強、約２００世帯・約５００人）では、ＪＡ支所の閉鎖後に、住民が同所を有償で借り受け、毎週木曜日の朝10時から昼14時まで、毎週４時間だけ営業する「笑《え》んがわ市」を開催。同地区内の住民が作った野菜や加工品を互いに売り買いするとともに、２００円でお茶飲み放題のサロンを開催。有志がお茶請けをつくって持参することで軽食も取れることから、40席余りの会場がいつも満席になるほどにぎわっています。また、同市最南端部の波多地区（20㎢強、約１５０世帯・約３００人）では、地域組織が自治拠点として管理運営する小学校の跡施設内の、かつての教室に、食品スーパー向けの卸売事業者から商品供給を受けて小さなスーパーマーケットを開設。専任職員を置かず、事務などを担当する職員が掛け持ちで仕入れからレジ打ちまでを担当し、年商1千万円以上の黒字経営を続けています。

超高齢化と人口減少に直面する日本だからこそ、カリスマ不要の地域づくりが求められる

こんなにすごいことが市内各地で自然に積み重ねられ、さまざまな表彰を受け、政府の事例集などでは「定番」ともいえるほどの存在である雲南市が、マスメディアに紹介されにくいのは、先述の通り、その担い手にカリスマがいないため、絵にならないからでしょう。

しかし雲南市をはじめ、全国各地で住民自治の拡充に真摯に取り組む地域のお手伝いをさせていただいて確信したのは、「まちづくりにはカリスマやリーダーが不可欠」というのは間違いだ、ということです。会社を大きくするのとは異なり、普段のくらしのことである以上、どこでも、いつも、完全ではなくても、できていなければならないことであり、特別な人にしかできないことであっては困ります。

カリスマを必要とせず、普通の人々が担い、育て続ける小規模多機能自治が、なぜ全国各地で必要だと受け止められ、着実に拡がり続けているのか。その原因は、日本の人口構成の推移にあります。人類史上初めて、超高齢化と人口減少という2つの難題に同時に直面する日本。農山漁村部も都心部も、地域は今後、自らの持続可能性を高めるために、自治の進化が求められているのです。

そもそも自治とは、自分（たち）で決めて、自分（たち）で担うこと。水害や震災など、自然災害が起きると、炊き出しをはじめとした初動対応が住民主導で始まるように、日本の地域や住民には、「担う」力は十分にあります。問題は、「決める」力が弱いこと。例えば、「人口が最も多かった昭和後半に行っていた行事・活動を、毎年交代する役員が繰り返すだけ」という地域づくりのあり方、公共施設や飲食店における禁煙の徹底、海ごみの排出源である使い捨て型のプラスチック容器包装の使用制限についてもそれは当てはまります。持続不可能なことを繰り返し続けることをやめ、負担を求めることについて、「難しい」「悩ましい」という言葉を口にする人々は、「判断の材料を懸命に探しているが、まだ見つかっていない」のではなく、判断を拒んでいるか、先延ばしにしているに過ぎません。

もちろん、自ら決めて自ら担う自治なので、「決めたくないなら、決めない」という判断もありえます。しかしそういう社会からは、「今は苦しくても、未来のために決めて動こう」という人々が離れ、減っていきます。道路もＩＣＴ環境も整っている今日では、力のある若者は「雇用がないから」ではなく、「変化が期待できないから」という理由でその地域を去っています。逆に、変化や成長が期待できるなら、どんなに条件が不利でもチャレンジするために移動することは、国勢調査などで世代別に移動傾向を見ると明らかです。

これからは東京でさえ、人口より課題が増える時代や社会。「これまで通り」では歯が立ちません。気付かないふりや「まだ大丈夫」という正常化バイアスによって、判断と行動をさらに遅らせてしまうことは、状況の悪化と持続可能性の低下を招きます。

超高齢と人口減少という、世界における課題先進国・日本が、課題解決の先進国となるには、変化に備える動き、つまりチャレンジにやさしい国であることが不可欠です。チャレンジとは、日常のくらしに引き寄せていえば、決めてみる・やってみる・ダメならやり直してみる、の3つの「てみる」のこと。頭も心も柔らかく、判断と実践を積み重ねることが、進化を続けるための絶対的な要件です。

住民自らが判断・実践するために、「これまで」と「これから」を示す

自分たちで決めて、自分たちで担う自治によって、より良い地域づくり、ひいては、地域の持続可能性の向上を実現するためには、住民自らが、社会と地域の変化を正確に理解し、判断し、実践する担い手となることが不可欠です。初期の生活習慣病の治療に必要なのは、医師による外科手術ではなく、患者自身による生活習慣の改善であるのと同様に、地域社会の持続可能性を高めるための取り組みに必要なのは、行政や専門家による支援の前に、住民自身による判断と実践の積み重ねです。

このため私は、健康診断や検査の結果を患者と共有し、自ら積極的に改善行動を行うよう促すのと同様に、市町村や集落単位の人口・世帯の構成や自治体行政の財政について、20年前から20年後までの前後40年間の推移で示して、「これまで」と「これから」がどれだけ違うかを、住民自身が自分ごととして受け止め、変化への対応の必要性を理解し、判断と改革に踏み込んでいくことを促し続けています

（私がこれまでにお手伝いさせていただいた自治体や地域に関する資料は、私のブログで公開しています）。

では、日本全体において、「これまで」と「これから」がどれだけ違うかを、SDGsが定められた2015年を起点に、前後20年の計40年間の推移を確認してみましょう。

人口構成の推移：85歳以上は倍増し、前期高齢者も減り始める

すでに1970年に高齢者率が7％を超え、国連の定める「高齢化社会」となって50年を経た日本において、「少子高齢化が進み……」といった枕詞は、状況の厳しさを正確に共有する言葉としての意味を持ちません。

2015年を中心として前後20年間の推移（図表2）をみると、生産年齢人口は1995年をピークに、総人口も2005年をピークに減少を始めていることは多くの人も知るところですが、高齢者数はこれまで20年間で8割以上増え、人口に占める比率も14・5％（7人に1人）から26・3％（4人に1人以上）へと高まり、これから20年間でさらに数は1割増えます。

しかし65歳以上の高齢者を一括りに見るのは、健康や地域づくりにおける役割などを考えると適切ではありません。現に、要介護度3以上の認定を受けている人の比率を年齢層ごとに見ると、65歳から74歳までの前期高齢者では1・1％と約100人に1人に過ぎないのに対し、85歳以上では23・2％と約

日本の人口構成の推移（単位：人）　（図表2）

	1995年	2005年	2015年	2025年	2035年
総人口	125,570,246	127,767,994	127,094,745	122,544,102	115,215,698
0歳～14歳	20,013,730	17,521,234	15,886,810	14,072,740	12,457,214
15歳～64歳	87,164,721	84,092,414	76,288,736	71,700,512	64,941,882
65歳以上 総人口比	18,260,822 14.5%	25,672,005 20.1%	33,465,441 26.3%	36,770,849 30.0%	37,816,602 32.8%
65歳～74歳	11,091,245	14,070,107	17,339,678	14,971,125	15,219,341
75歳以上 総人口比	7,169,577 5.7%	11,601,898 9.1%	16,125,763 12.7%	21,799,724 17.8%	22,597,261 19.6%
85歳以上 総人口比	1,579,745 1.3%	2,926,704 2.3%	4,887,487 3.8%	7,202,606 5.9%	10,017,973 8.7%
2015年の日本が「100人の村」だったら？					
総人口	99	101	100	96	91
0歳～14歳	16	14	12	11	10
15歳～64歳	69	66	60	56	51
65歳以上	14	20	26	29	30
65歳～74歳	9	11	14	12	12
75歳以上	6	9	13	17	18
85歳以上	1	2	4	6	8

1995年から2015年までは国勢調査、2025年以降は国立社会保障・人口問題研究所

4人に1人に達します。つまり前期高齢者は「元気高齢者」として、町内会長・自治会長や民生児童委員などをはじめとする主な役職をはじめ、地域づくりの主役として活躍しているのに対し、85歳以上になれば、介護サービスのみならず見守りや健康づくりなど、地域の人々による福祉のお世話になることを織り込まざるを得ない年齢層であることがわかります。

このことを念頭に置いて、再度図表2を見ていただくと、地域づくりの主役である前期高齢者数はこれまで増え続けてきた

ものの、今後は減少に転じ、一方で85歳以上は今後20年間で2倍以上になります。要介護度の認定率が現状と同じままで続けば、介護需要は現在の2倍になるのに対し、介護サービスを担う生産年齢は15％減少します。もはや介護保険制度にとっては、外国からの人材を受け入れるだけでなく、生産性を現状の2倍程度に高めるためにAIやロボティクスを最大限に活用するとともに、要介護度を下げるための健康づくりの活動への参加を、自治体行政や地域の力を借りて総力で促すしかありません。

「大きな数字を示されても理解しにくい」という方が多い地域に伺う機会が多いため、この推移を「2015年の○○市町村が100人の村だったら？」と簡素化して解説するよう心掛けています。同様に、2015年の日本が100人の村だったら、総人口はこれから20年間で100から91へ、生産年齢人口は60から51へ、前期高齢者も14から12へと減る一方、85歳以上は4から8へと倍増します。

端的に言い換えれば、2035年の総人口1億1500万人強に対し、85歳以上は1千万人を超え、総人口の11人に1人に達します。それまであと、わずか15年しかありません。

世帯構成の推移：「向こう三軒両隣」に、必ず後期高齢者のみの世帯が

人口構成以上に日本人のくらしや地域社会に大きな影響を与えているのが、世帯構成の推移（図表3）です。これまで20年間に人口は1％しか増えていないのに、世帯数は21％増えており、結果として世帯当たり人数は減少、つまり、家族は小さくなりました。1995年に2・85人だった世帯当たり人口

日本の世帯構成の推移（単位：軒）　　**（図表3）**

	1995年	2005年	2015年	2025年	2035年
総世帯数 世帯当たり人数	44,107,856 2.85人	49,566,305 2.58人	53,448,685 2.38人	53,427,343 2.29人	51,008,107 2.26人
単独世帯 全世帯比	11,239,389 25.5	14,725,144 29.2%	18,417,922 34.5%	19,491,043 36.7%	19,037,252 37.6%
うち65歳以上（A）	2,202,160	3,864,778	5,927,686	6,953,222	7,342,707
うち75歳以上（B） 全世帯比 後期高齢者に占める割合 うち女性	917,473 2.1% 12.8% 81.4%	1,966,953 4.0% 17.0% 77.7%	3,200,944 6.0% 19.8% 76.3%	4,610,835 8.6% 21.2% 75.6%	4,903,989 9.6% 21.7% 75.3%
65歳以上の夫婦のみ（C）	—	3,583,526	5,247,936	6,052,880	6,350,102
うち75歳以上の夫婦（D）	—	944,845	1,740,282	2,599,652	2,801,404
65歳以上のみ（A+C） 全世帯比	—	7,448,304 15.0%	11,175,622 20.9%	13,006,102 24.3%	13,692,809 26.8%
75歳以上のみ（B+D） 全世帯比	—	2,911,798 5.9%	4,941,226 9.2%	7,210,487 13.5%	7,705,393 15.1%

1995年から2015年までは国勢調査、2020年以降はIIHOE［人と組織と地球のための国際研究所］の推計

は２０１５年に２・３８人へと減少。単独世帯は25％（4軒に1軒）から34％（3軒に１軒）へと増加して、日本で最も多い世帯は「一人ぐらし」となりました。

しかも、単独世帯のうち75歳以上（後期高齢者）は、１９９５年の91万軒が２０１５年には３２０万軒へと３倍以上に増え、全世帯に占める比率も２％（50軒に１軒）から６％（16軒に１軒）へと上昇。３２０万人の独居者は、２０１５年の後期高齢者１６１２万人の19・８％、つまり、後期高齢者の５人に１人が一人ぐらししていることを意味します。また、独居後期高齢者３２０万人のうち、76％（２４４万人）を占めるのは女性であり、75歳以上の女性の自動車運転免許の取得

率は11％（9人に1人）と、男性（同56％）に比べて大幅に少ないことから、買物や通院といった移動の困難が地域の課題として指摘される頻度が高まっている背景にあると言えます。

75歳以上の単独世帯と夫婦のみ世帯を合わせると、2015年には494万軒と、すでに総世帯数の9・2％（11軒に1軒）に達していますが、控えめな推計でも、2035年には770万軒、総世帯数の15・1％（6・5軒に1軒）にまで上ると予測されます。「向こう三軒両隣」（＝6軒）に1軒が後期高齢者のみの世帯となれば、行政や民生委員といった制度福祉だけで見守りなどの支援が届くはずがありません。行政と地域が総力を挙げて、後期高齢者のくらしを支える人材を育て、しくみを整えるスピードを加速するしかないのです。

今後は中山間地や日本海側より、都心部こそ人「交」密度を高める取り組みを

こうした人口や世帯の構成の推移にもとづく課題について、「東京などの都心から遠く離れた、中山間地など過疎が進んだところの問題だ」と、たかをくくっている人たちが珍しくありませんが、その認識を改めておきたいところです。

図表4は、2015年時点での各都道府県の高齢者率と世帯人口の分布を、全国平均の推移とともに示したものです。確かに秋田県や高知県などは高齢化が進み、全国平均の2035年と同水準である一方、東京都、愛知県、神奈川県といった高齢化率が低い都県も、全国平均の2010年と同水準にあり

都道府県の高齢者率・世帯人口の分布（2015年）と、全国平均の推移　（図表4）

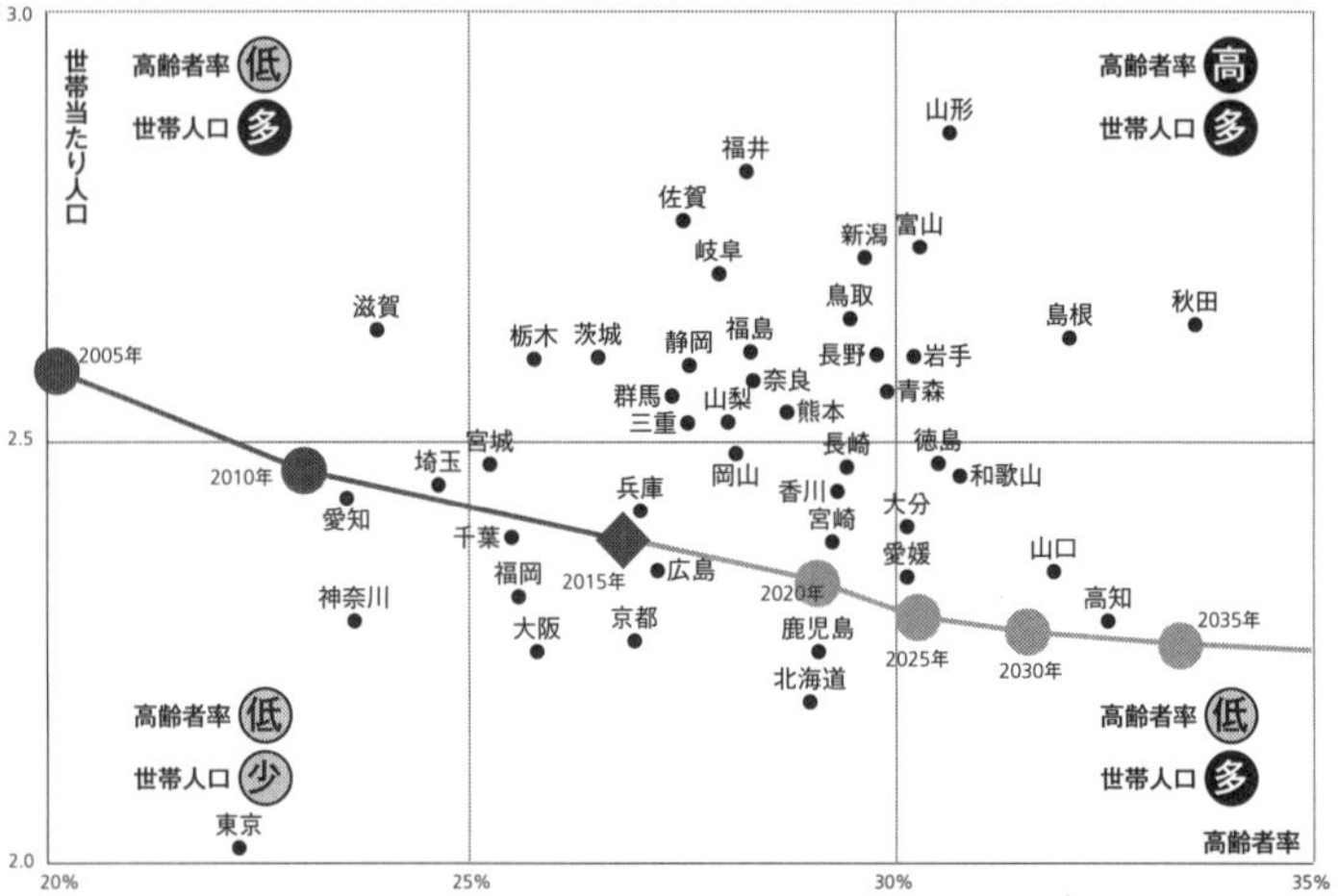

出典:国勢調査、国立社会保障・人口問題研究所、IIHOE

ます。つまり秋田県・高知県と東京都・愛知県・神奈川県とは、全国平均の推移でみれば、25年ほどの差しかないということになります。

さらに、既に後期高齢者の独居率は、前述（図表３）の通り全国平均が19・8％と、全国的には後期高齢者のほぼ５人に１人が一人ぐらししていることを意味しますが、中山間地や日本海側など、これまで三世代同居世帯比率が高かった地域では１割前後、逆に核家族化が進んでいる都心部では３割を超えるなど、その利便性ゆえに、都心部の方が、後期高齢者が一人ぐらしする比率が大幅に高くなっています。

東京都・大阪府・神奈川県といった都心部では、山形県、福井県、富山県といった日本海に面した県に比べて、世帯当たり人口が3割から4割少ないことから、今後、高齢化が急速に進むと、高齢者・後期高齢者の独居世帯も加速度的に増えることが避けられません。地域コミュニティにおける人「交」密度を高める取り組みを急いで進めねばならないのは、むしろ都心部なのです。

税収が伸び悩むままに「人と施設の高齢化」への負担が増え、職員数を減らさざるを得ない財政

自治体行政の財政も、国からの交付金や事業による拡大は続いているものの、自主財源となる税収がその分だけ増えているわけではなく、福祉関連の支出の伸びに追いつくには程遠い状況です。

平成の大合併の最終年度となった2005年度から、2015年度までの市区町村の歳入出と職員数の推移（図表5）をみると、歳入の総額は49兆円から55兆円へと12％（6兆円）増えているのに対し、税収は、2006年に税源移譲が行われたにもかかわらず17兆円から18兆円へと7％（1兆円）増えただけ。一方で地方債は4・5兆円から5・0兆円へと10％（0・5兆円）増えています。

この間、歳出の総額は48兆円から55兆円へと15％（7兆円）増えていますが、職員給は逆に6・7兆円から5・4兆円へと19％（1・3兆円）、職員数も143万人から123万人へと13％（20万人）と大幅に減少しました。歳出総額、いわば自治体行政にとって仕事の総量が15％増えたのに、職員数が13％減ったということは、職員1人あたりで見れば28％忙しくなったということ。10年前に比べれば、4

市区町村（基礎自治体）の歳入出と職員数の推移（図表5）

	2005年	2010年	2015年	05年から15年の増減
歳入 総額（10億円）	49,833	53,239	55,925	+12.2%
うち税収	17,667	18,384	18,955	+7.3%
うち地方債	4,574	5,133	5,051	+10.4%
歳出 総額（同）	48,515	51,605	55,925	+15.5%
うち職員給（同）	6,762	5,733	5,456	-19.3%
うち扶助費（同）	6,708	10,189	12,269	+82.9%
職員数（人）	1,432,494	1,288,771	1,238,270	-13.6%
職員1人あたり人口	89.2	88.4	102.6	+15.1%
参考 都道府県職員数	1,609,628	1,525,104	1,500,067	-6.8%

総務省「市町村別決算状況調」「地方公共団体定員管理調査結果」
（市区町村職員数には一部事務組合を含む）

人で担っていた業務を3人で担わねばならないことを意味します。

歳出として最も大きく増えたのは、扶助費（生活保護や子どもの医療費無料など）で、6・7兆円から12・2兆円へと82％（5・5兆円）も増えています。これ以外にも、病院や介護保険といった医療・福祉関連の繰り出しも増え続けており、今後は、公共施設も「高齢化」し、その更新費用も必要になります。自治体行政にとっては、税収が伸び悩むままに「人と施設の2つの高齢化」を中心に業務と歳出が増え、一方で職員は減らさざるを得ない、という状況が続くでしょう。

このように、日本全体でみれば、あとわずか15年ほどで、4人に1人が要介護3以上に該当する85歳以上が倍増して総人口の11人に1人に、後期高齢者の独居または夫婦のみの世帯も倍増して6

軒強に1軒にそれぞれ達します。それは決して中山間地や日本海側などに限られた問題ではなく、むしろ今後は、世帯当たり人口がもともと少ない都心部において深刻な問題となることが予測されます。税収の伸びを上回る「人と施設の2つの高齢化」の対応に要する支出増を受けて、自治体行政の職員数の削減も続きます。このような人口・世帯構成や市町村の財政の推移を正確に知れば、「今まで通りのまま、何も変えずに続けるなどできない」こと、それゆえに、進化することや、動き出すための判断が求められていることが、広範な人々に理解されるでしょう。

従来の「行政におまかせ」あるいは「行政主導」も、人口が減り高齢化が進んでいるのに行事中心の地域づくりも、自分たちがしたい・楽しいと思うことだけしかしない「自称・市民活動」も、地域のくらしの未来の見通しを共有し、連携・協働して進化に向けた「決めてみる・やってみる・ダメならやり直してみる」の「3つの『てみる』」を積み重ねるしかありません。

行事から事業へと進めるために、行事・組織・会議を棚卸しする

地域づくりの主軸を、イベントから生活必須サービスへとシフトできるか否かには、「地域でのくらし方が変われば、地域づくりに求められる役割や機能にも進化が求められる」という社会や時代の要請に、地域の住民自らと行政が、どれだけ真摯に、謙虚に向き合うかが問われています。

地域づくりが「行事から事業へ」と進化するためには、その担い手も、同じことを繰り返すことが求

められている「役」ではなく、進化や人材育成やしくみ化が求められる「経営者」となることが期待されています。

これまでの行事の担い手は、伝統として毎年など継続することで、楽しみながら育てることができました。すでに確立された行事や作業を続けるだけであれば、役員の任命も、単純な輪番制も、同じ人が10年、15年と長期に続けても、乗り切ることができるでしょう。また、これまでは行事や活動が求められるたびに、目的別に組織が設立されてきましたが、それも人口が増え続ける時代にはよかったのかもしれません。しかし、すでに都心部でも人口減少が始まった日本において、人口が増え続けていた時代と同じだけの行事や組織や会議を維持することは難しく、新たに助け合いによる生活必須サービスを担うためには、限られた人材の貴重な時間の使い方を考え直すために、具体的には、行事や組織や会議を、減らす前に「重ねる」ことで、活動の担い手にも対象者にも時間や負担が有効に活用されるよう促すことが大切です。

こうした「行事・組織・会議の棚卸し」を進めると同時に、地域の今後のニーズを踏み込んで把握し、求められる品質や安全を確保しながら、毎日のように継続して事業を担える人材を育てるには、自治会・町内会・区といった地域自治の最小単位では困難です。それゆえ、近隣同士で連携し、概ね小学校区や連合自治会単位などの範域にあるすべての個人や団体で構成される地域運営組織を設立し、安全や健康づくりといった目的別に部会を設けることで、同様の目的を持つ団体や活動が連携して判断し行動するなかから、やがて地域のニーズを俯瞰し、分野の横断や再編などを率いる「地域の経営」を担う人材を育てることが求められるのです。

住民自治の拡充は、住民自身がその必要性に気付き、受け止め、判断し、実践を積み重ねるとともに、行政がそれを促し支える施策体系を基盤として整え続けることなくしては、実現しません。すでにその必要性を受け止め、真摯かつ謙虚に、実践を積み重ね続けていらっしゃる全国各地の地域をお手伝いさせていただく中から、小規模多機能自治という地域経営、いわば地域のガバナンスの共有を、始める・進める・育てるために、行政がすべきこと42項目、住民がすべきこと46項目の計88項目にまとめた冊子（「ソシオ・マネジメント」第6号「続・小規模多機能自治　地域経営を始める・育てる・進める88のアクション」）も刊行しました。ぜひ、みなさんのお住まいの地域、そして、ご家族などがお住まいの地域でも、小規模多機能自治を進めるヒントとしてご活用ください。

第7話

地域情報のプラットフォーム「まいぷれ」

〜顔の見えるコミュニケーションで地域の課題を解決〜

加藤 淳

株式会社まいぷれwithYOU　代表取締役

加藤 淳

（かとう あつし）

Profile

Atsushi Kato

1988年株式会社リクルート入社。西日本人材開発部（新卒採用）、西日本経理部を経て、関西住宅情報事業部へ。全く業績の上がらない営業マン時代を2年ほど過ごした後に連続達成、売上ギネスを記録。1999年株式会社リクルートを退職、株式会社ケイオスに入社。商業コンサル業務の一方、新規事業立ち上げを準備して2000年、株式会社シー・ブラッド設立。マンション・ニュータウンでのコミュニティ形成支援事業を手がける。2007年新規事業「まいぷれ」の運営を「いたみん（伊丹市版）」で、伊丹市役所との官民協働事業としてスタート。2009年株式会社シー・ブラッド退職。2010年、株式会社まいぷれwithYOUを設立して「まいぷれ事業」をスピンアウトで買収し、専業会社として運営開始。伊丹市・尼崎市・宝塚市のまいぷれパートナー企業として地域ポータルサイト運営の他、自治体との官民協働事業として地域共通ポイント「いたポ」（伊丹市）・「まいポ」（尼崎市）の運営、伊丹市ふるさと寄附業務の受託運営を行なっている。プライベートでも少年野球の部長、中学校のPTA会長、マンションの大規模修繕委員長、自治会長などを経験し地域と関わっている。

地域情報のプラットフォーム「まいぷれ」

「まいぷれ」は株式会社フューチャーリンクネットワーク（千葉県船橋市）を本部として、現在日本全国で約130社、500市町村で展開しているフランチャイズのグループです。

弊社はその3番目に古いフランチャイジー企業（パートナーと呼んでいます）です。

今般、「まいぷれ」事業について、こちらもリクルート出身である本部フューチャーリンクネットワークを差し置いて私が語るのは少々おかしな話かもしれませんが、そこも含めて我々チームまいぷれの自由度の幅と考えていただければ幸いです。

全国約130社のパートナー企業は「まいぷれ尼崎市」など『まいぷれ「地域名」』という名称の地域密着生活情報サイトの運営を基本事業として行っています。それ以外に地域共通ポイント事業「まいぷれポイント（まいポ）」、自治体のふるさと納税業務受託運営を行っているパートナーもあります。弊社は現在、伊丹市・尼崎市・宝塚市で「まいぷれ」、伊丹市・尼崎市で「まいポ」、伊丹市でふるさと納税業務受託運営という3つの事業を運営しています。

プラットフォームなどと説明するとデジタル系のインテリジェンスあふれるスマートな会社と勘違いされてしまうかもしれませんが、この後の話を読んでいただくと超アナログなコミュニケーションに基づいて地域とかかわっている会社だということがわかっていただけると思います。

よそ者の視点で継続的に地域に関わる

私がまいぷれ事業と関わることになったのは、現在の株式会社まいぷれｗｉｔｈＹＯＵの前に創業代表として運営していた会社の時です。２００９年に伊丹市役所が地域ポータルサイトのプロポーザルを行うので、共同で提案に参加しないかとフューチャーリンクネットワークから声がかかりました。まいぷれパートナー企業は、自社の運営エリアにもともと会社があるか居住地であるケースがほとんどなのですが、当時の会社は大阪市内に事務所を構えており、千葉県の会社との完全なる外様連合としての提案でした。プロポーザルは伊丹市内・市外の11社が参加した中で、我が連合が当選を勝ち取り、弊社のまいぷれ事業がスタートすることになりました。

地域外の会社が地元の仕事をすることに当初はかなり逆風もあり、プロポーザルに敗れた地元団体からは露骨な嫌がらせや妨害的なことを受けることもありました。また、そもそも伊丹市のマーケットでは小さすぎてどうせビジネスが成立しないよという批判的な声もありました。それまでに第3セクター等に市が補助金を出して上手くいっていないケースや外部業者が補助金期間終了後に継続できなかった事例も多く、「どうせお前らは補助金期間を過ぎたらさっさといなくなるんだろう」という冷めた視線も感じながらの船出でした。しかし、逆にプロポーザルが終わったらノーサイドの精神で地元のために協力しようと申し出てくれる団体もありました。

そんな協力者たちや選んでくれた伊丹市役所のためにも、外様の私たちはまず地元の方々に本気度を見てもらうために、地道に愚直に信頼を積み上げて成果を出すしかないという決意を胸にスタートしました。

活動初日の8月お盆明けの日は、朝からJR伊丹駅でレンタサイクルを借りて、数人で地図に担当エリアを分けて飛び込みでの挨拶から始めました。10年以上前のことですが、その日は当時の史上最高気温を記録した猛暑日で、倒れそうになりながら街を回ったことを昨日のことのように覚えています。それから「いたみん」（まいぷれ伊丹市版の公募で決まった名称）オープンまでの数カ月間は、ほぼ毎日伊丹市内を朝から夕方まで自転車で走り回る日々で、それだけ走り回っていると私たちの姿が目に入り意識される機会も増えるようで、徐々に地元の知り合いが増えていきました。

当初マーケットが小さいのでは？　と言われた5㎞四方で人口20万人弱の伊丹市は、端から端まで自転車で30分以内で回れるサイズと人口密度で、結果的に地域情報を扱うにはちょうど良いサイズだったと感じています。その時に自転車で走り回ったおかげで、地元の人よりも市内の細い道まで精通しているのは今でも自慢で、最初の会話の中で地域を知っている者として受け入れてもらいやすくなっています。

地域活性化のキーワードとして古くからある「よそ者、若者、ばか者」というのは言い古された部分もありますが、自分が〝よそ者外様連合〟で伊丹に入った経験からすると一理あると考えています。伊丹市は「伊丹まちなかバル」など地元の活気のある活動で全国からも注目される街で、私たちが関わり始めた時にはすでに地元メンバーでその機運が高まっており、実際に私たちがその事業自体に関わったのは後方支援などわずかです。都会に分類される地域の活性化の中心には商業者が立っていることが多いと思いますが、伊丹市もその通りで熱い思いを持ったアクティブな商店主たちがすばらしい成果を挙げています。

その一方で自分の住んでいる街のことを好きで何か役に立ちたいと思っている、会社組織でマネジメント能力を身につけている多くの勤め人たちは、時間帯の違いなどで地域活動にそれほど関われていないというギャップがあります。地元商店主のエネルギーと行動量はすごいのですが、マネジメントが上手ではないケースが多いのと熱量が大きすぎて普通の人が入ってくることを阻害している面も否めません。その間を取り持ち接着剤のようにつないでいくことが、よそ者まいぷれの役割の一つだということも見えてきました。

伊丹の活性化の中心人物として代表的な商店主の荒木宏之さん。まちなかバルをはじめとする数々の活動の裏にはほぼこの人がいます。「いたみん」がスタートした時に最初にご挨拶に行き、経営する化粧品屋さんを第1号契約店にしてくれました。荒木さんは伊丹で活動しているメンバーが集う基地のようになっているクロスロードカフェの経営者でもあるのですが、その時にこちらは契約いただけませんでした。これは「君たちの活動には協力するけど、完全に信頼はしていないよ」という荒木さんからの無言のサインだと受け取り、毎日自転車で伊丹の街を走り回る日々が1年ほど続いて掲載いただくお店も200軒を越えてきた頃、荒木さんから「ちょっと寄ってよ」と呼ばれお店に行くと「クロスロードカフェも載せるわ」という一言をいただきました。

よそ者の私たちが、同士とまではいかなくても伊丹の仲間として認めてもらえたという私の中では記念すべき瞬間でした。その後も荒木さんとは伊丹商店連合会とのタイアップ事業など現在に至るまで多くの活動で協力いただいています。

まいぷれと官民協働事業

まいぷれ事業の特徴として、行政との官民協働事業があります。運営エリアを市区町村単位に区切っているので、自ずとエリアは自治体と重なります。私たちがエリア内を日々動き回っているフットワークと継続することで築いてきたお店や人のネットワークは、行政課題の解決に貢献できる部分が多くあります。また、そもそも毎日活動しているエリアなので、受託事業などでも他社が行うよりも低コスト・高クォリティのサービスを提供できる可能性が高くなります。

スタートから10年以上が経った「いたみん」はプロポーザル当初の補助金期間以降は市役所からの補助は受けず、当初約束通りの自主自立で運営を行っており、初期の一時金だけを支援してその後のランニングは自立させる事例として、市長の口からも「いたみんのように」という言葉が出ると聞いています。

地域共通ポイントを活用し、地域課題を解決しながら商業の活性化につなげる

まいぷれとして手掛けている別事業として地域共通ポイント「まいポ」があります。世の中に普及しているお馴染みのポイントとしてＰｏｎｔａやＴポイントがありますが、これらはお店での買い物でポイントが貯まり、全国の店舗やネット通販での支払いにも使える便利な仕組みです。これと同じようなポイントの仕組みを市民を動かす動機付けや地域課題の解決、地域経済の活性化に活用しようというのが地域共通ポイント制度です。

まいぷれパートナーが市区町村単位で運営する地域共通ポイントは、ポータルサイト事業同様にエリアが重なる自治体と連携しやすい事業になっています。

ポイントの仕組みは店舗にとってはもともとリピート来店の促進という面が強いのですが、店舗とは別原資で行政が発行するポイントをもらったユーザーは、そのポイントをどこのお店で支払いに使おうかと探すので新規顧客獲得策の面も強化されます。

①市営駐輪場の利用促進と地域商業の活性化の二兎を追う（官民協働事業）

地域共通ポイントで、伊丹市役所との官民協働事業として運営しているのが「いたみんポイント」（通

まいポの思い

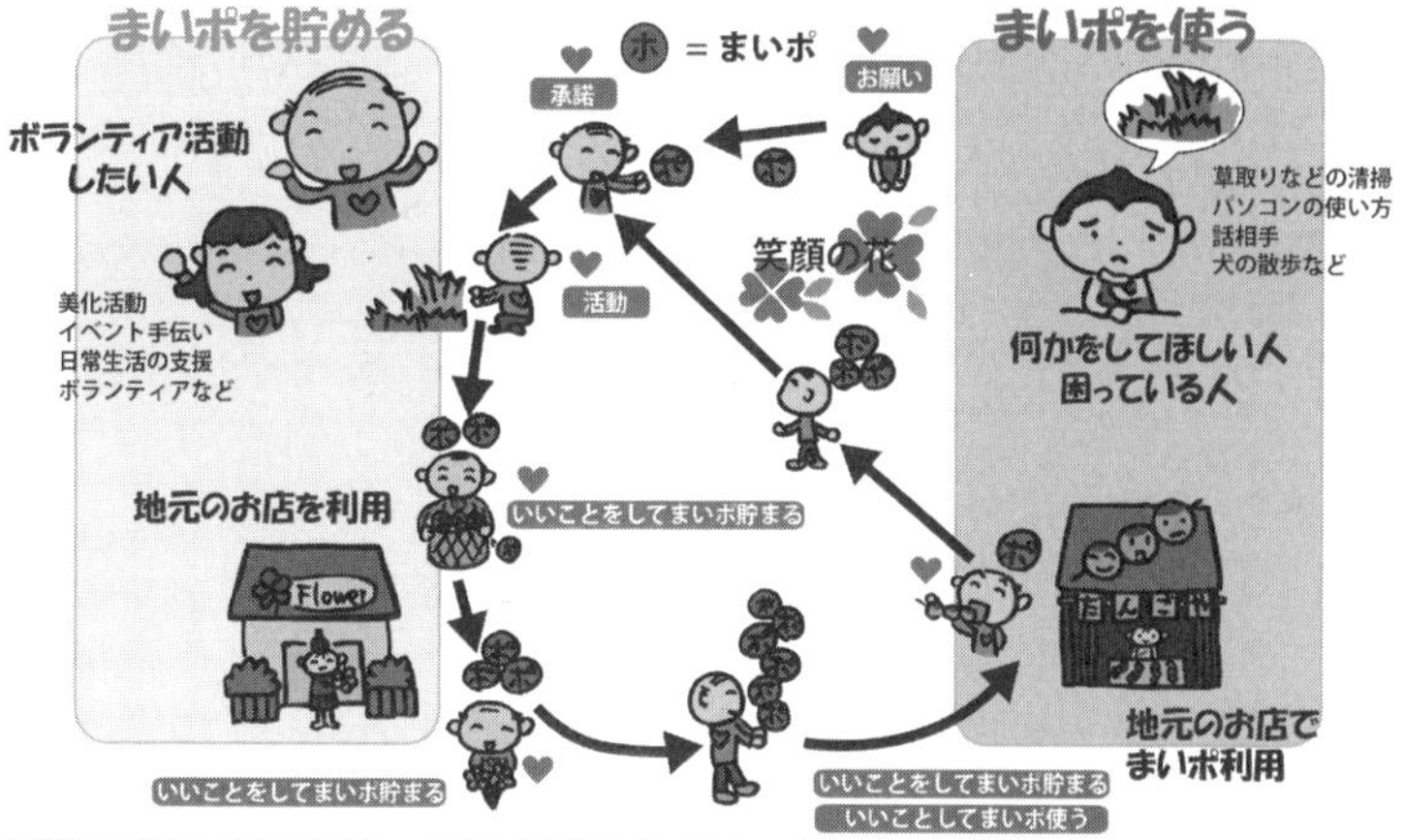

経済の利便性だけでなく思いやりの循環を目指す「まいポ」

まいポの将来像

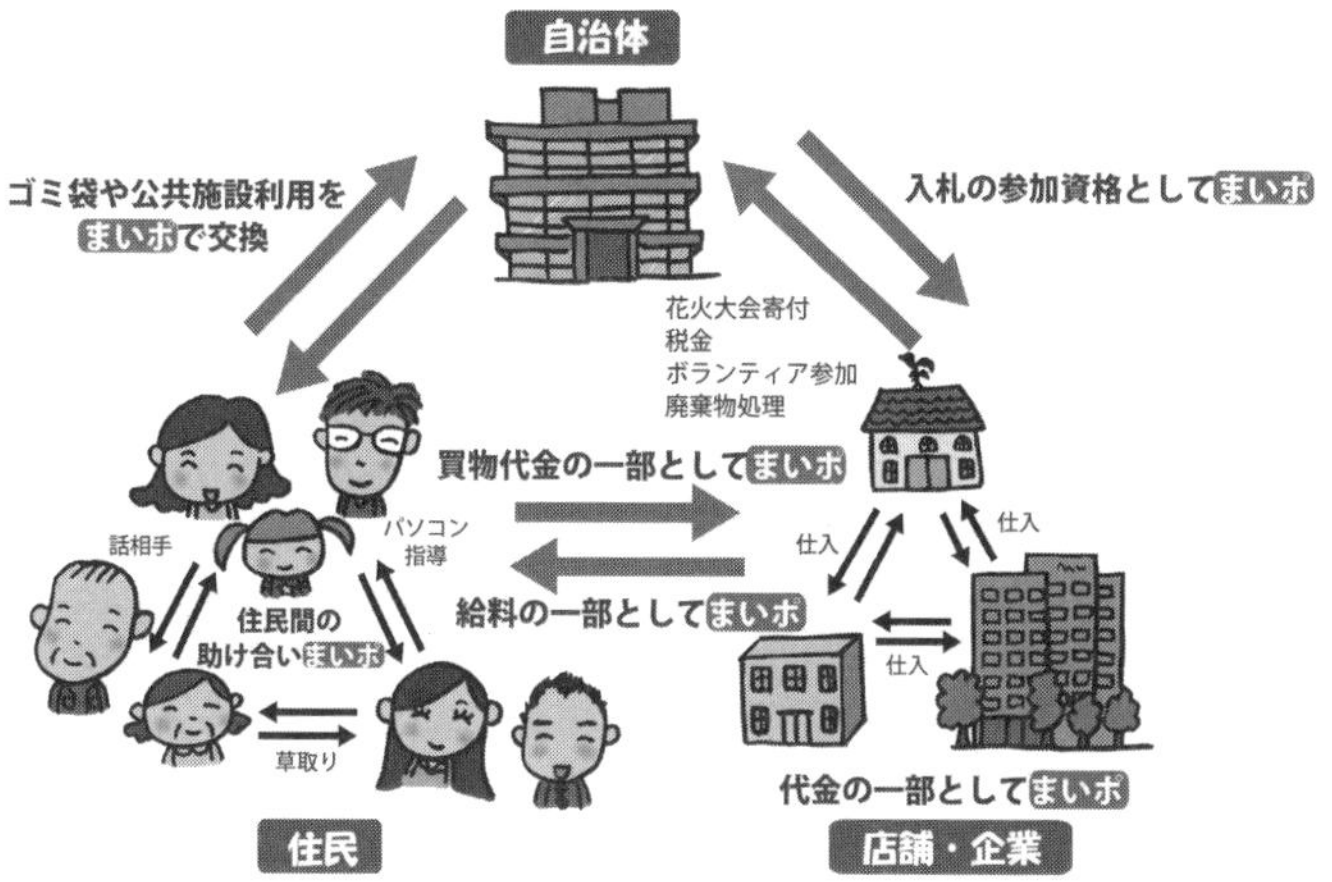

住民・店舗・自治体の三者が連係した課題解決の手段へ

称：いたポ）です。

伊丹市では違法駐輪が大きな課題でした。都心部では多くのエリアで共通の課題ですが、伊丹市の場合は少し変わった特色があって、通勤・通学の違法駐輪は比較的少なく、一番の問題は夜に飲みに行くときに自転車を使い、それが路上にあふれ出すという状況で飲酒運転撲滅と併せて大きな行政課題になっていました。市制75周年（２０１５年）の節目が交通政策の強化年にもなり、路上駐輪ラックの整備や機械式の最新地下駐輪システムの導入などハード面の充実を図るとともに既存の市営駐輪場（９カ所）をいかに活用してもらうかという課題を解決する必要がありました。

その中で現実的なハードルになっていたのが、違法駐輪対策を強く行うと間接的に店舗の利便性を損なうことになってしまい店舗の協力がなかなか得られにくいという点でした。その解決策として弊社が提示したのが、市営駐輪場の一時利用でポイントを付与して、そのポイントを市内の加盟店での買い物・飲食に利用してもらう仕組みです。市の財源によるポイントがいったん駐輪場の利用者に渡り、その後に店舗での支払いに使われることで最終的に売り上げに回るという流れです。これによって市営駐輪場の利用促進と地域商業の活性化という二兎を追う施策が実現しました。

私たちは導入当初に「北風と太陽政策」と名付けて、まちの商店主さんたちに説明に回り協力を求め、１００店舗の加盟店でのスタートにもっていきました。導入から４年以上を経た現在も、少しずつルールの手直しをしながら、市営駐輪場の一時利用（１００円）で10ポイント（10円相当）を付与する制度としてユーザーにかなり浸透してきています。

　この違法駐輪対策としてスタートした二兎を追う仕組みは他の行政課題の解決にも応用ができるので、伊丹市役所では交通政策以外にも健康診断の受診促進や高齢者への福祉ボランティアの促進策として健康や福祉分野へも展開されています。

②省エネと地域経済活性化の両方を解決（官民協働事業）

　弊社は尼崎市でも地域共通ポイントの官民協働事業を行なっています。こちらは官・民・民協働事業とでも言う枠組みで、市役所だけではなく大手民間企業とも連携しています。

　ＪＲ塚口駅に隣接する工場跡地にマンション１２００戸、戸建て71戸、商業ビルという複合の再開発ＺＵＴＴＯＣＩＴＹがあります。これは尼崎市の都心部における最後の大規模住宅開発になるのではないかと言われる関西でも注目のビッグプロジェクトでした。尼崎市は、昭和の高度成長期には光化学スモッグの街として社会の教科書に載ることもありました。現在も中小工場が多い産業都市に変わりはありませんが非常にクリーンな街に変化しており、内閣府が全国から選定している23の環境モデル都市にも選ばれています。その中での大規模住宅開発では、再開発エリア内だけではなく地域も巻き込んだスマートコミュニテイの拠点となり環境モデル都市としてのシンボリックな街づくりをしてほしいという市役所の強い思いがありました。

その思いに応えるべく、デベロッパー（野村不動産・JR西日本不動産開発・長谷工コーポレーション）と関西電力が議論・検討を重ねていましたが、自社が開発する敷地内での取り組みには多くのアイディアを持っているデベロッパーも既存の周辺地域との連携についてなかなか良い企画が出ない状況が続いていました。そのような状況の中で弊社が提案したのは、もともとハード的に電気の見える化を行う設備の導入は予定されていたので、その電力データから各世帯の省エネ行動を計ってインセンティブとしてポイントを付与し、それを地域のお店で使ってもらうという仕組みでした。

「お出かけ省エネ」と名付けた提案は、住宅の節電に一番効果のあるリビングエアコンの使用を控えてもらうために、電力需要が集中する真夏の昼間と真冬の夜の時間帯にリビングエアコンを止めて、クールスポット・ウォームスポットと呼ばれるエアコンが常に効いている場所へ出かけてもらう取り組みです。それ以前から同様の省エネ促進策は関西電力でも行われていましたが、クールスポット・ウォームスポットを大規模商業施設やチェーン店、公共施設に設定した環境施策としての取り組みで、経済施策面にはあまり注力されていないものでした。弊社が入ることによって、クールスポット・ウォームスポットを地域の中小店舗に設定することで、地域商業の活性化というピースを埋めることができました。（大規模施設の数倍も手間・労力がかかりますが）

「お出かけ省エネ」はZUTTOCITY入居者にはインセンティブとして1日100ポイントを付与、入居者以外も含めた市内で買い物をする全員を対象に店舗でのポイント付与を2倍にして行動を促進する2段構えのルールです。この「『ZUTTO・ECOまいポ』導入による持続可能な省エネ・地域活性化の取組み」は2015年に「尼崎版スマートコミュニティ」の第1号認定事業となり、デベロッパー3社、関西電力、弊社および尼崎市の6社協定を締結して取り組むことになりました。

尼崎市長を囲んだ認定書授与式

マンション開発の3年間が事業期間でしたが、自治体と民間企業がタッグを組んだ取り組みで、省エネ効果と地域経済活性化の二兎を追う成果が出せたので、事業期間終了後も協定書を6社で締結し直して協力を継続することになっています。

また、2019年にはスマートコミュニティ推進事業の結果を受けて、市役所と弊社の連携で「地域通貨を活用したクールチョイスの推進事業」が新たにスタートしています。こちらは「クールチョイス行動」に対してCO2削減量に応じたポイントを付与し、行動を促す取り組みです。初年度の「クールチョイス行動」として、省エネ家電（エアコン・冷蔵庫）への買い替え、エコ通勤（バス通勤定期の新規購入）、環境学習・イベントへの参加がポイント付与対象で、2年目以降順次対象を増やして継続される予定です。

さらに、尼崎市役所では環境分野以外も含めたＳＤＧｓ達成のための取り組み推進にポイントを積極的に活用していく検討がなされています。

まいぷれ事業の価値は派生・付随事業にあり

ここまで官民協働事業を中心とした取り組みを紹介してきたように、まいぷれは３つの基本事業を日々運営することで地域のネットワークが構築され、そこから派生する事業を諸々生み出す可能性を秘めています。ビジネス的には、何でも取り組めてしまうので何に取り組むかの経営判断が難しいという面があるのは否めないのですが、基本事業に付随する事業は、まいぷれの持つ資産を活かして地域のお手伝いができる面白さであると感じています。これまでの具体的な取り組み事例をいくつか紹介します。

①「尼崎あんかけチャンポン」プロジェクト

私が尼崎商工会議所青年部に入会した２００８年に「るるぶ尼崎市」という観光情報誌を発刊する事業が動いており、私も編集に参加することになりました。尼崎市内のいろいろなネタを拾う中で、普段のまいぷれ活動の中で感じていた「尼崎では長崎とは違うあんかけタイプのちゃんぽんを出している中華料理店がけっこうある」という情報から見開きの特集ページが組まれました。

その翌年、青年部の中で尼崎のＢ級グルメとしてちゃんぽんをブランディングしていく委員会が立ち上がり、私が委員長を務めることになります。まずは委員会メンバーで手分けして、中華料理店を食べ歩き調査することから始めました。というのも、メニューとして出している店主はあんかけタイプを当たり前と思っていることが多いので、注文して出てくる現物を見ないと「あんかけタイプ」なのか、長崎風の「さらさらタイプ」なのかわからないのです。真夏にちゃんぽんの食べ歩きはかなり辛かったですが、現地調査により約50軒の該当店舗があることがわかりました。

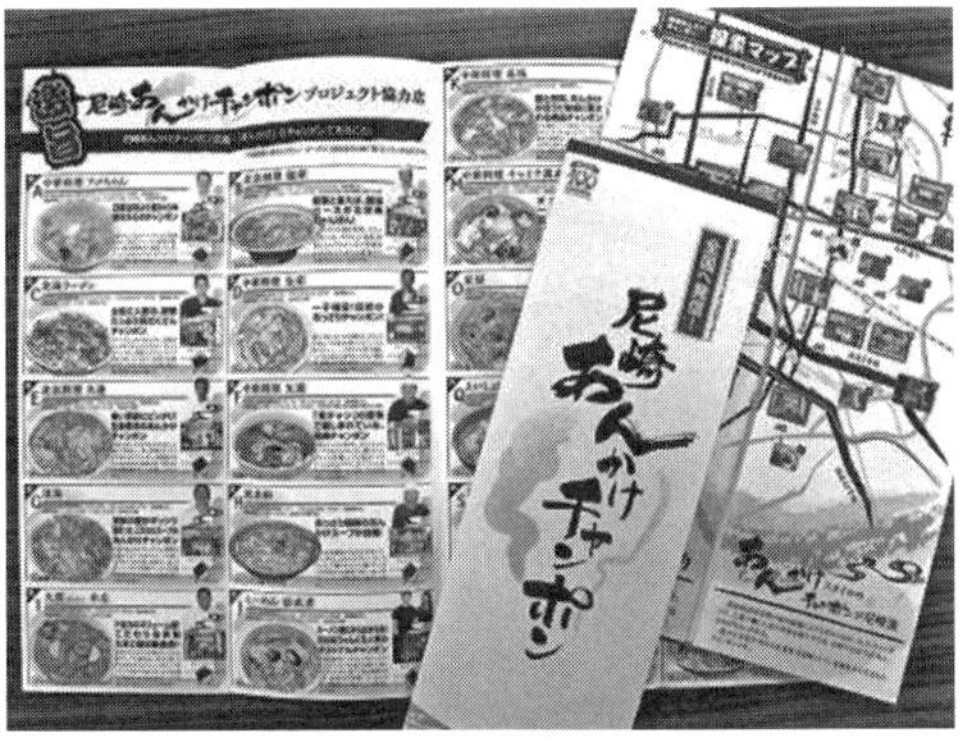
《尼崎あんかけチャンポンプロジェクト》

それを尼崎のB級グルメとして発信するために「尼崎あんかけチャンポン」という統一名称を決定し、20店舗以上に参加いただき協議会を結成しました。統一名称を決めてロゴを作ることに加え、尼崎は歴史的に九州・沖縄地方からの移住者が多く工業の街で働くみなさんのお腹をいっぱいにするためにあんかけタイプが生まれたのではないかというサイドストーリーを載せたパンフレットを制作しました。また、全国ご当地ちゃんぽん連絡協議会にも所属して合同のイベントにも出展したりしました。

商工会議所青年部では単発型のイベント事業が多いのですが、「尼崎あんかけチャンポンプロジェクト」は現在も「チーム・尼崎あんかけチャンポン」という店舗主導の体制に変えつつ発展し、「尼崎あんかけチャンポン」の名称を特許庁の地域団体商標に登録したり、大手メーカーやコンビニなどと監修商品を開発して販売するなど活動が継続されています。

私自身は既に商工会議所青年部を卒業していますが、まいぷれがきっかけを作った「尼崎あんかけチャンポン」がさらに全国で知名度を上げることを願っています。

②「みんなの尼崎大学商学部お店キャンパス」

「みんなの尼崎大学」は、「みんなが先生、みんなが生徒、どこでも教室」をスクールモットーに、尼崎の「学びの場」や学んでいる人や活動が連携して、尼崎をもっと楽しく学べるまちにするために市役所が取り組んでいるプロジェクトです。市役所事務局が主催して毎年8月に約300講座を本当の高校で素人が先生になって授業をする「みんなのサマーセミナー」など多くのイベントを行ったり、市内の学び情報を横断的に集約・整理して発信することを行っています。また、この「みんなの尼崎大学」の面白いところは、学びの場となる派生「学部」をどんどん作ってくださいという呼びかけをしているところです。例えば「生活科学部」をコープこうべが運営していたりという具合です。

それを受けて、尼崎市内の5つの商店街の連合体が「商学部」の活動をしていました。全国で展開されている「まちゼミ」と類似する、お店を教室に見立てて店主やスタッフが先生をするというイベントです。私自身はその3年目に弊社が所属する塚口商店街の担当者として会議に出席したのが始まりなので立ち上げメンバーではありませんが、出席した時には5つの商店街の加盟店舗だけが対象で講座数が十数件というじり貧の状況でした。イベントの内容は店舗の新たな顧客獲得につながり、市役所の「みんなの尼崎大学」ブランドも大いに使って広報できるというかなりの潜在能力を感じるもので、せっかくの事業がもったいないので、対象を5商店街以外にも拡大して市内全域で講座を増やすことを提案しました。

《みんなの尼崎大学商学部お店キャンパス》

商店街メンバーさんは自分の商店街以外の参加店を増やす術をあまり持っていないため、商店街以外はまいぷれの取引先や知り合い店舗を中心に拡大のテコ入れをやると宣言して取り組みました。その結果、1年目は38講座、2年目は54講座と順調に増え、新規で参加してくれた店舗も「普段とは違うお客さんが来てくれた」「緊張したけど良い経験だった」という声や、直接顧客につながらない場合でも接客でトークしていた内容が実はあまり伝わっていなかったという気づきがあったなど大変喜んでもらっています。

今後さらに100講座程度まで増やせると講座のパンフレット自体に媒体価値が付加される可能性も大いに感じているので、期間限定で解散する5商店街連合から主催の形式を変えて、企画・運営を弊社が受託で行う形で継続していく予定です。

この事業でも、尼崎市内の約300店舗と取り引きがあり、市役所とも官民協働事業などで普段からコミュニケーションが取れているまいぷれの資産を活用して、地域の活動に役立てることができました。

コミュニケーションは顔が見える、Face to Faceが基本です

これまでまいぷれの基本事業や派生事業をいくつか紹介してきましたが、「まち」という狭域での活動では顔の見えるコミュニケーションが基本だと私は信じて活動しています。地域情報のプラットフォームという説明をしている「まいぷれ」ですが、これは機械的なシステムではなく、私たち自身の活動

自体も含めての総称だととらえています。最近は本部であまり使わなくなっていますが「まいぷれは地域情報の卸問屋です」という説明に愛着を感じています。

『私たちは～情報で人をつなぎ、まちを笑顔にする「まいぷれ」です。』という弊社のスローガンを胸に今日も自転車で走り回っています。姿を見かけたら、ぜひお声がけください。

第8話

まちづくりの文脈に見るＩＲの役割

～IR導入の背景と大阪・夢洲における課題～

勝見 博光

株式会社グローバルミックス　代表取締役CEO
公益財団法人大阪観光局　大阪観光アドバイザー（観光まちづくり分野）
大阪府立大学　客員研究員

協力：リサーチャー　加藤早恵子

勝見 博光

（かつみ ひろみつ）

Profile　***Hiromitsu Katsumi***

京都市出身、1984年大阪大学人間科学部卒業。大阪市立大学大学院創造都市研究科博士後期課程単位取得満期退学。専門は、都市政策、文化産業論、創造都市論。

1984年、株式会社リクルート入社、西日本教育機関広報部に配属。1991年同社退職、同年、株式会社ケイオス設立、代表取締役就任、2005年、株式会社グローバルミックス設立、代表取締役就任（現職）。明治大学政策学部ケベック講座特別講師、総合研究開発機構（NIRA）研究委員を歴任。2016年から大阪府市都市魅力戦略推進会議専門委員（観光・都市魅力部会）、大阪観光局観光アドバイザーとして、大阪国際舞台芸術祭の開催などパフォーミングアーツによる都市魅力向上を提言。また、2016年度には、大阪府市IR推進会議委員としてIR基本構想の策定に関わる。2019年、大阪商工会議所、大阪観光局による「食のまち大阪」のブランディング会議委員に就任、2020年からは同会議が設立する新組織「食創造都市　大阪推進機構」のアドバイザーに就任。2015年からは、大阪府立大学客員研究員。共著に「都市空間を創造する」（日本経済評論社、2006年）、「創造都市への展望」（学芸出版社、2007年）など。

日本型IRとは？

２０１８年７月、「特定複合観光施設区域整備法（ＩＲ実施法）」が成立、２０２１年度中には最初の３カ所の区域認定が行われ、我が国初のＩＲの開発が始まります。

これまでも、ＩＲという言葉をさまざまなメディアで見かけた方も多いと思います。しかし、その意味を正しく理解している人は意外と少ないのではないでしょうか。

このＩＲという用語はIntegrated Resort（統合型リゾート）の略称で、２００４年以降シンガポールが「カジノを含む複合型観光施設」を導入するにあたり、政府が検討するのは「カジノ」ではなく、ＩＲと名付けた新たな観光拠点開発であり、観光産業のさらなる発展やＭＩＣＥ振興のための装置であることを広く国民に周知するためシンガポール政府が自ら導入した造語です。我が国ではＩＲ推進法以降の検討過程において、ＩＲにさらに「日本型」という言葉が追加されていることにお気づきでしょうか。

２０１９年９月に公表された「特定複合観光施設区域の整備のための基本的な方針（案）」において「日本型ＩＲ」は、「民間ならではの自由な発想で日本の伝統、文化、芸術等を生かした魅力的なコンテンツを提供するとともに、象徴的で先進性や他には見られない魅力を有する建築物により非日常的、印象的な空間を創出することで、国内外から多くの観光客を惹き付けることができるもの」と定義されています。

また、「ＩＲ整備法に基づく日本型ＩＲを実現するための制度は、ＩＲ区域を整備し、国際会議場や家族で楽しめるエンターテインメント施設等と、収益面での原動力となるカジノ施設が一体となったこれまでにないスケールとクオリティを有する特定複合観光施設が、民間事業者の活力と創意工夫を生かして設置され、及び運営されることを、包括的に法制度の中に位置付けた世界初の制度である。この制度は、ナショナル・プロジェクトとして、ＩＲ区域の整備の効果を日本全国に波及させようとするものであり、そのために、ＩＲ事業の公益性が確実に担保されるよう、区域整備計画の認定や厳格なカジノ規制をはじめとした必要な枠組みが整えられているところである。」と記載されています。では、ここで言われている「世界初の制度」とは何なのでしょうか。その理解にはＩＲ実施法の特徴を理解する必要があります。

そもそもこの法律は、刑法１８５条、１８６条（注１）で規定されている賭博行為や賭場の開帳を合法としているものではありません。それではなぜＩＲでは、賭博行為や賭場の開帳が可能なのでしょうか。

その答えは、公営賭博にあります。刑法には、「正当行為」というものが35条で規定されており、「法令又は正当な業務による行為は、罰しない。」とされています。この「法令又は正当な業務」には、例えば、前者は刑務官が死刑を執行す

（注1）第185条（賭博）　賭博をした者は、五十万円以下の罰金又は科料に処する。ただし、一時の娯楽に供する物を賭けたにとどまるときは、この限りでない。
第186条（常習賭博及び賭博場開張等図利）　常習として賭博をした者は、三年以下の懲役に処する。
2　賭博場を開張し、又は博徒を結合して利益を図った者は、三月以上五年以下の懲役に処する。

る行為や消防士が消火・救出活動の為に建造物や車両などを破壊する行為、後者は格闘技選手がルールの範囲内で相手を殴ったりする行為や理容師・美容師による調髪行為などが含まれます。公営賭博も、前者と同様に、その賭博種ごとに個別の法律により、公的な主体が一定の賭博行為を担うことを正当事由として認めています。

同様にＩＲにおける賭博行為も、日本型ＩＲの基本理念である「健全なカジノ施設の収益が社会に還元されること」を法律で規定し、主体を担う企業が履行することを正当事由として認め、カジノ行為の違法性を阻却しています。

つまり、我が国のＩＲは、公営賭博に求められるような公益を民間企業にも課すことを条件に、特定の区域において、賭博行為の違法性を阻却することで成り立つ極めて例外的な措置です。

そのため、特定の区域の認定には、国土交通大臣による基本方針の作成、都道府県等による区域整備計画の作成、国土交通大臣による当該区域整備計画の認定等の制度を定めています。また、健全なカジノ施設の収益が社会に還元されるために、カジノ事業の免許その他のカジノ事業者の業務に関する規制措置、カジノ施設への入場等の制限及び入場料等に関する事項、カジノ事業者が納付すべき国庫納付金等に関する事項、カジノ事業等を監督するカジノ管理委員会の設置、その任務及び所掌事務等に関する事項その他必要な事項を定めるなど、法律により厳しく縛りを設けています。

さらに、特定複合観光施設のうち中核をなす、国際会議施設（第1号施設）、国際展示施設（第2号施設）、我が国の観光の魅力増進施設（第3号施設）、国内における観光旅行の促進に係る施設（第4号施設）、宿泊施設（第5号施設）、および国内外からの観光旅客の来訪及び滞在に促進に寄与する施設（第6号施設）とカジノ施設を民間事業者が一体として設置、運営することとし、カジノ収益が確実に他の施設に循環するよう規定しています。

一方、海外ではカジノ行為はどのように規定されているのでしょうか。まず、前提としてカジノが合法化されている国や地域は、2013年の段階で201カ国・地域のうち127カ国・地域、OECD加盟国36カ国に限っても、カジノが設置されていないのは、アイスランド、ノルウェー、イスラエル、トルコと日本の5カ国であり、中でもカジノ行為が非合法な国は、アイスランド、ノルウェー、日本のみです。

日本ではマイナスのイメージが強いカジノ行為を諸外国が合法化している理由としては、違法カジノや組織犯罪の排除、財源確保、外貨獲得などがあげられ、その理由は地域ごとの文化や社会観の影響が色濃く反映されています。例えば、ヨーロッパでは、ギャンブルはコントロールすべきものではあるが、禁止するものではないという考え方から、戦後いち早く1960年にイギリスでカジノが解禁され、1967年にはオランダでも違法カジノの排除を目的に（国家歳入確保の目的もあった）公営カジノが解禁されています。

一方、父権主義の強いアジア諸国においては、自国民に利用制限を課すなど、ギャンブルは許されるものではないという考えが一般的ですが、厳格な国のコントロールのもと、財源確保や外貨獲得など、一定の効果をもたらす場合のみ、例外的に認めるというスタンスが取られています。

このような中、２００４年にシンガポール政府が、既存観光地、低開発地域の再開発にカジノ収益を活用するという新しい考えを打ち出し、ＩＲが確立、我が国のＩＲ解禁へとつながっていきました。

① シンガポール「税負担なき公共事業」

そのシンガポールも建国以来何度もカジノ合法化議論がありながら、比較的高いイスラム教徒比率と、建国の父である故リー・クワンユー初代首相が強力なカジノ反対論者であったこともあり、長らく実現されてきませんでした。

しかし、90年代後半以降、国内物価の上昇や東南アジアでの観光客の選択肢が増えたことなどが影響し、シンガポールの観光産業は徐々に競争力を喪失、加えて２００３年のＳＡＲＳの発生がシンガポールの観光産業に決定的な打撃を与えました。このような状況に対し、強い危機感を持った政府は、カジノ合法化に本格的に動き出し、とうとう２００６年にカジノ規制法を成案させ、２０１０年には2つのＩＲが誕生、国際的なツーリズム競争の中で大成功を収めました。

このようにシンガポールのＩＲ導入は、当然のように観光振興が目的だとみなされてきました。しかし、シンガポール政府にはもうひとつの大きな狙いがありました。それは、90年代初頭から埋め立てられながら、長引く不況で開発が止まっていたマリーナベイと呼ばれる新たなＣＢＤ（注２）開発のためのゲートウェイにあたる地区と、建国以来観光拠点として期待されながら魅力的な施設もないセントーサ島というシンガポールの顔とも言える二つの地域の開発と活性化でした。

そこで政府は、カジノライセンスを二つの事業者に限定的に与えることで市場での成功を担保、その代わりにカジノがもたらす多大な収益をもとにした税金・納付金の活用はもちろん、事業者に対して、さまざまな公的ミッションを入札時の開発条件として課す「税負担なき公共事業」とも呼ぶべき施策をとりました。

Marina Bay Sans（シンガポール）

例えば、マリーナベイは客単価の高いビジネス旅行者（２０１５年のシンガポール政府観光局の調査（注３）では一般旅行客の約１・７倍）や富裕層を引きつけるため、ＭＩＣＥ機能の充実や世界レベルでのエンターテイメント施設の設置を義務付けました。一方、セントーサ島は、採算性の問題で何度も誘致に失敗、悲願であった東南アジア初のアミューズメントパークの設置を条件としました。

政府はこれら投資開発力の問題で停滞していた未利用地・低開発地域の開発にドライブをかけるため、ＩＲというインセンティ

（注2） central business district（大手企業や金融機関など、経済の中心地になるエリア）

（注3） MICE 2020 Roadmap Report（Singapore Tourism Board）

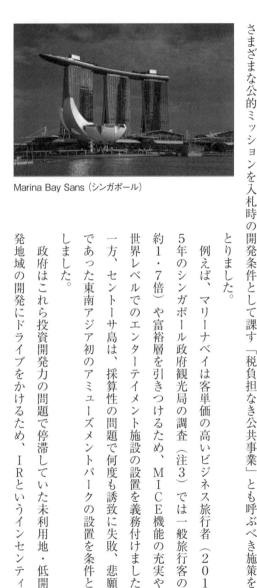

ブを手にしたわけです。他にも開発条件には、美術館や科学センターなどの公共性の高い施設の建設、遊歩道、大容量の駐車場、市民誰もが使用できるプロムナード、歩道橋、野外劇場などの設置や、共同溝、駅舎、地冷プラントなどのインフラ整備を課しました。このように、純粋に民営事業でありながら、公益性を担保した開発を可能とするところにIRの本質があるといえるでしょう。

② オーストラリア「低開発地区へのカジノ導入」

カジノからIRへと転換していく歴史的背景を少し整理しておきましょう。

モナコなどの欧州のリゾートを起源とするカジノは、その莫大な収益力に目をつけた民間資本によってアメリカやマカオに渡り、20世紀に入り大衆化・巨大化しました。その後大成功したラスベガスをモデルに、観光産業発展のための核施設として、世界中に広がっていきました。

80年代から90年代に入ると、疲弊した都市の再生を目的にした動きが、オーストラリアやカナダの各都市で起こり、オーストラリアでは、政府主導で原則一州に一つのカジノが導入され、大きな成功を収めました（この特定地域にライセンスを限定する考え方を日本政府も引き継いでいます）。（注4）とくに、メルボルン・サウスバンク地区やシドニー・ダーリングハーバー地区のプロジェクトは、世界各国から多くの視察が訪れる「IRによる都市再生」事例として名高く、シンガポール政府がIRを導入する際、オーストラリアの各自治体とカジノ事業者が結んだ開発契約を徹底的にベンチマークしたことも

（注4）オセアニアゲーミング事情視察調査報告書平成一六年（社団法人日本プロジェクト産業協議会都市型複合観光事業研究会）

よく知られています。ここでは、メルボルン・サウスバンク地区に導入されたクラウン・エンターテインメント・コンプレックスをとりあげてみましょう。

メルボルンはもともとヤラ川沿いの高台に造られた街でしたが、川の南側の「サウスバンク」と呼ばれる地域は低地で湿地であったため、街は川の北側にのみ向けて広がっていきました。南側の川沿いは長らく鉄道の線路、倉庫、工場、港湾施設として使用されてきましたが、同時に治安の悪化や都心部からの孤立、コミュニティの崩壊などが問題視されるようになっていました。

ところが70年代あたりから街の人口が急増し、サウスバンクの有効活用が模索されるようになり、1981年に作成された「METROPOLITAN STRATEGY IMPLEMENTATION」において、ヤラ川南側を経済、産業、居住地として開発すること、ヤラ川沿いに文化・観光・エンターテイメント機能を開発することが打ち出されました。

これを受け、1984年にArts Centre Melbourneが建設され、サウスバンクの再開発が始まりました。その後も、Melbourne Convention Center（1990年）、Southgate Arts & Leisure Complex（1992年）が次々と建設されましたが、その間の1991年、長期間の議論を経てメルボルンにおけるカジノ建設が発表されました。このカジノの意義について1993年発表の「Agenda 21」では、国際的都市イメージの向上およびそのためのエンターテイメント施設とされ、カジノライセンス料収入は、メルボルンのダウンタウンを国際的競争力のある都市とするための財源であるとされ、周辺の文化、M

ＩＣＥ施設開発とインフラ整備に投入されていきました。

このＩＲの原型ともいえるCrown Entertainment Complexは１９９７年に開業されました。その前年の１９９６年には、ヴィクトリア州公設のMelbourne Exhibition Centerが開業、現在でもCrown Entertainment Complexとともに、展示場、コンベンション施設とホテルやエンターテインメント施設等が一体化したオールインワンＭＩＣＥ拠点として機能しています。

その後も「Agenda 21」で定義されたとおりにカジノ収益の地域への分配が行われ、Melbourne Aquarium（２０００年）、National Gallery of Victoria（２００２年）、Southbank Theatre（２００９年）などが次々と建設され、開発から取り残されていた地域が文化、芸術やＭＩＣＥ、エンターテインメントの街として多くの人を集めるまでに再生、現在ではコンドミニアム、オフィスビルの建設ラッシュとなり、メルボルンで最も活性化した地区として注目されています。

オーストラリア第二の都市におけるＩＲ導入という文脈からも、大阪のお手本とすべき事例は、シンガポールやラスベガスではなく、このメルボルンなのかもしれません。

ここまでは、シンガポールやメルボルンのＩＲが、観光振興以外に低開発地域の開発や再生のインセンティブとして機能していたことについて触れてきましたが、ＩＲ実現に向けて準備が進む我が国において同様の効果が期待できるのか、とくに大阪夢洲における課題について考えていきましょう。

③ 低開発地域のインセンティブ不足

我が国ではバブル崩壊後、企業は経営効率の悪い地方から都市部へと機能を移転・集中させ、地方での就業機会減少とともに主に若年層の大都市圏への人口集中が進んできました。

2002年に制定された都市再生特別措置法は、それまでの三大都市圏への集中を抑制する方針を転換、この大都市圏集中、都心回帰の流れを促進する大きな要因ともなっています。

この法律に基づく政令で定められた（特定）都市再生緊急整備地域では、土地利用規制の緩和や、都市計画の提案・事業認可等の手続期間の短縮、民間プロジェクトに対する金融支援や税制支援といったさまざまなインセンティブが民間事業者に与えられ、都市の国際競争力強化の面で多くの成功プロジェクトを生み出しています。民間事業者にこれらのインセンティブを与える代わりに、エリアマネジメント等公共の一部を担うことを一定の義務とする仕組みは、興味深いことにシンガポール政府がＩＲ事業者に与えたインセンティブと義務化された公共投資・運営のそれに類似しています。

東京、大都市圏への一極集中をもたらした弊害はあるものの、大都市都心部再生には一定の成果をあげてきたと評価できます。その一方で、都市部に隣接するウォーターフロント、ベイエリア等の低開発地域は、依然として停滞傾向にあります。

これらの地域は、いわゆる工場3法により長らく開発に制限を受けてきましたが、2007年の企業

主な国内IR候補地（2020年2月現在）

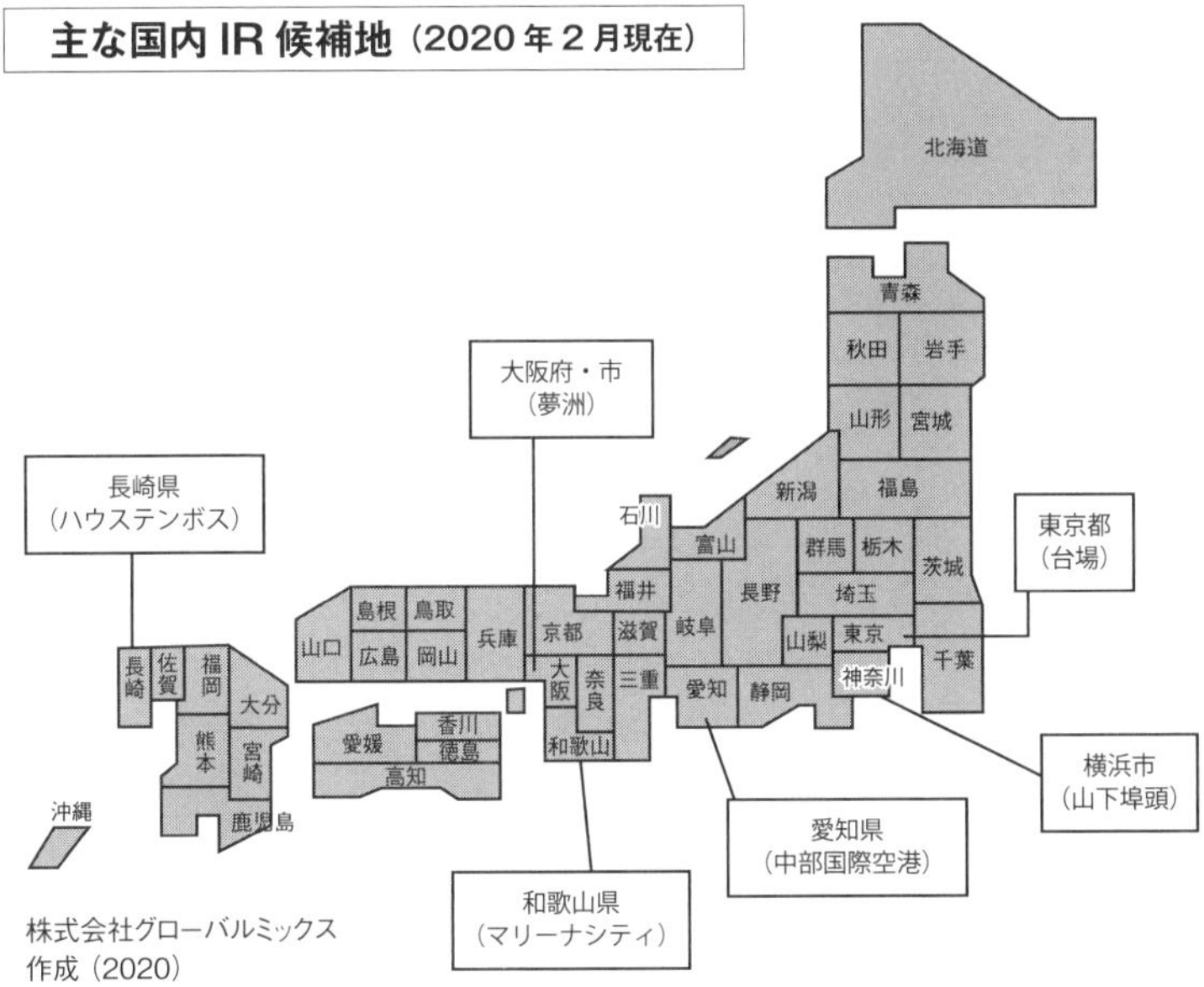

株式会社グローバルミックス
作成（2020）

立地促進法制定によって制限が緩和されると、法制上の支援措置や財政、金融支援を活用して積極的に工場や企業誘致が行われました。

関西でも三重県・亀山市や大阪府・堺市、兵庫県・尼崎市等の最新パネル製造工場の誘致事例が有名ですが、その後の展開は周知の通り、グローバル化による国際分業体制の進展がもたらす製造拠点の短サイクル化によって、10年も経たず減産縮小、海外移転、最悪は閉鎖が全国的に相次ぐ状態となりました。開発の観点から言うと、現代のグローバル製造拠点は本質的にフットルースなものであり、サスティナブルなまちづくりとは矛盾します。

また、都心部の拡大により都心に隣接するこれら好立地の港湾地区でも、港湾機能を移転して再開発を進める動きがあるものの、用途に制限が多いことに加え、倉庫等の施設の移転や物流道路のみの交通アクセスの悪さなど、再開発への課題は多いと言わざるを得ません。

このように大都市圏における都市再生の軸足は臨海部低開発地域に移りつつある中で、都心部のような容積率の緩和に値するウルトラC的インセンティブは存在せず、インセンティブ不足がより浮き彫りになってきています。

④ 国内IR導入の文脈

海外の先行事例を見ると、IRは20ヘクタール以上の広大な敷地を必要とすると言われ、年間数百万から数千万の来場者数が見込まれています。さらに、カジノという社会的影響の大きい施設を抱える性格上、大都市にありながら生活圏から隔離されたウォーターフロント、ベイエリア区域が立地として選ばれるケースが多く、現在、国内IR候補地と呼ばれる地域を示してもそれは明らかです。

東京都・台場（臨海副都心）、横浜市・山下ふ頭、愛知県・中部国際空港島、大阪市・夢洲およびその他の地域を見ても、ほとんどの候補地がウォーターフロントに立地しています。これらの地域ではいずれも水辺の特性を生かし、新たな都市のシンボルとなる大規模集客施設や人々を呼び込む特色ある施設の導入、世界一級のエンターテインメントやMICEイベント誘致への取り組みなどを開発の基本コンセプトとし、海外からの観光客の流入と地域住民への憩いの場の提供を目指しています。

しかしながら、大規模できわめて投資効率の悪いＭＩＣＥ施設や劇場・ミュージアム等を含む開発に対し、臨海部低開発地域は、民間の開発意欲を高めるインセンティブを十分に持ち得ていないのが現状です。

そこで、法案にもすでに示されているように、収益性のきわめて高いカジノ事業を運営するライセンスを制限的に配置（当初全国で３カ所、最終的にも10カ所以内。かつてのリゾート法の反省とも言われている）、市場への供給量をコントロールすることで事業者へのインセンティブの代わりにしようと意図されています。

「特許」に近いライセンス供与によって開発インセンティブを担保、その見返りとして地域は新たな財政負担なしに、低開発地域の再生と公共的施設・サービスを、民間事業者による投資・運営によって手にすることが可能となります。これが開発面から見た自治体サイドのＩＲ導入の狙いであろうと考えられます。

⑤ 大阪への導入課題

地域一体となってＩＲ誘致に邁進する大阪は、最有力候補地として取り上げられることが多いですが、立地先として指定されている夢洲には、低開発地域共通の多くの課題が残っています。

脆弱な交通インフラ

現在、入島手段は非常に制限されており、車か一部路線バスのみ可能な状態です。道路は最寄りの湾岸舞洲ランプからのアクセスが基本とされており、橋梁を拡幅（現状4車線を6車線に）することや、将来的な街の成熟に伴う交通需要に対する新ルート確保が必要とされていますが、輸送能力を考えると鉄道インフラの整備は必須となります。

鉄道は夢洲駅を中心に、南ルート（大阪メトロ中央線延伸）と北ルート（JR桜島線延伸、京阪中之島線延伸）がありますが、南ルート（大阪メトロ中央線延伸）の整備は、2025年の大阪・関西万博開催が決定したこともあり、延伸が決定しています。大阪・関西万博には、半年間に2800万人の来訪が予測されていますが、万博は半年間の期間限定のイベントであり、恒久的な需要ではありません。にもかかわらず、大阪府市が南ルートの延伸を決定できたのは、夢洲地区への訪問者の増加等へ対応するため、南ルート（大阪メトロ中央線延伸）整備を含むインフラ整備に係る費用の一部、202億5000万円をIRに負担させることを決定したことがあげられます。

これまで財政上の問題もあり進んでいない状況にあったインフラ整備が、圧倒的な収益力と集客力を持つIRにより一気に加速することになります。

今後、二期、三期の開発が進み、需要や採算性が明確になるに伴い、北ルート（JR桜島線延伸、京阪中之島線延伸）や道路の拡幅、橋梁の新設なども検討されていくと考えられます。

基盤整備とサスティナブルな開発の必要性

広大な夢洲の基盤整備には官民による協力体制と自治体の財政状況に鑑みても新たな社会資本整備手法としてＰＰＰ的なアプローチは不可欠と考えられます。改正ＰＦＩ法以降検討されている民間による持ち込み型の提案を積極的に受け付けることも一つのアイデアです。

埋立計画も完了するまで十数年を要する見通しで、まちづくりは長期にわたる段階的整備にならざるを得ず、戦略的な開発整備の枠組みが必要となります。

また、夢洲は開発当初より利用計画の変更が度々行われ、用途が混在している状況となっています。今後、夢洲を世界標準のディスティネーションとして世界中に発信していくには全体で統一感のある街区を形成する必要がありますが、そのためには夢洲全体の将来を見据えたインフラ整備、空間デザインやエリアマネジメント事業の構築が重要です。これらの全体マネジメントは、夢洲が今後のベイエリア開発の核となることを考えると、ＩＲ事業者任せではなく、多くの地元企業がコミットする体制も検討すべきと考えます。

さらに、街が継続的に発展していくためには、ＩＲ事業者に対し長期間に渡り再投資を担保させる開発契約や仕組みも必要です。また環境保全や公共空間の維持管理には、シンガポール・セントーサ島で採用されているような入島料、環境維持税も検討し、維持発展のための原資とすることも有効と考えられます。

⑥ 大阪ＩＲがもたらすもの

これまで見てきたように、ＩＲ先進国であるオーストラリアやシンガポールでは、ＩＲを低開発地域開発の核と位置づけ、まちの回遊性やブランド力を高めることに成功しており、都市再生・まちづくりにおいても、ＩＲが大きな役割を果たすことを証明しています。

大阪においても、夢洲へのＩＲ導入が長年停滞していた臨海部に開発推進力とインセンティブをもたらし、足元のしっかりしたサスティナブルな発展を遂げていくことが期待されます。

第9話

観光協会が核となる儲ける地域の作り方

～再生からDMOにむけて～

山田 一誠

沖縄市観光物産振興協会　事務局長

山田 一誠

（やまだ かずせい）

Profile

Kazusei Yamada

1988年4月　株式会社リクルート入社　関西就職情報誌事業部（SJ）の営業に配属。営業を6年経験後、関西HR代理店部に異動。リクルートの専属代理店に対して、営業渉外・経営障害を経験。その後、自動車Div（カーセンサー）に異動し自動車メーカー本社の中古車を中心とした販売戦略の立案からディーラー施策の提案、ディーラーの販促の提案を行う。リクルート最後のキャリアは旅行Div（じゃらん）にて、宿以外のクライアントを担当する部署にてGM兼務すると共に、営業担当として沖縄県を担当。当時まだまだ珍しい中国富裕層向けに沖縄PRを実施したり、沖縄本島・著名な八重山諸島、宮古島以外のあまり注目されいない沖縄の離島にスポットライトを当てる施策も沖縄県に提案実施。2005年に株式会社リクルートを退職。いくつかのIT系スタートアップ・IT系上場企業を経験後、2013年から沖縄にてフリーランスとなる。2017年5月より公募にて沖縄市観光物産振興協会の事務局長に。事務局長としては、協会のDMO化・旅行業取得、協会オリジナル商品の開発、修学旅行向けプランの開発・営業など補助金に過度に頼らない経営を実践している。

沖縄市と沖縄市観光物産振興協会について

「沖縄」と聞いて皆さんの頭に真っ先に浮かぶのは青い海だったり、白砂のビーチだったり、赤瓦の古民家だったりすると思います。しかしながら沖縄市にはビーチがありません。現在人工島を造成しており、全長900メートル砂浜が続くビーチが2021年にはオープンしますが、執筆時点（2020年1月）ではビーチのない数少ない沖縄の自治体です。沖縄らしい観光地がないことが当市の特徴だと言えます。観光資源となる施設や、観光客の誘致に欠かせない大型宿泊施設も中心市街地には存在しません。

沖縄市（中心市街地はコザと呼びます）は嘉手納基地の門前町として、1960年代～80年代が最も華やかだったそうです。時代はベトナム戦争に遡り、戦地に向かう米兵の最後の平和の地としてアメリカ直輸入のアパレルファッション・飲食・文化が中心市街地をにぎやかせていました。当時からの県庁所在地である那覇市より繁華でコザ市（沖縄市の合併前の名称）が沖縄の流行の最先端を走っていました。何もしなくとも街に人が集まり、お金が落ちる状態が20年近く続いていたのです。しかし、ベトナム戦争が終結すると街には徐々に文化や流行、人や情報が集まらなくなり、アーケード商店街は全国各地にあるようなシャッター街と化していきました。

私が沖縄市観光物産振興協会（以降、当協会）の事務局長の職に就いたのは2017年5月のことです。エイサーを全国的に広めた前任の事務局長が不適切な会計処理を続けていたことが判明し、これに伴い退任、後任を全国に公募することとなり、私が選ばれました。私が求められたミッションは、会計の透明化、当協会のＤＭＯ（Destination Management Organization）化、自主財源の確保、そして、本来の趣旨であり業務の主体である観光振興の４つです。

私が赴任する以前には当協会の解体案や、イベント要員化やエイサーに特化した組織にするなどの話題も俎上にのぼり、市の観光関連の委員会や審議会にも参加させてもらえない状況だったと聞いています。さいわい私のリクルート時代のキャリアの最後がじゃらん（当時は旅行情報Ｄｉｖ）で沖縄の責任者も兼任していましたので、沖縄観光に対するベーシックな知識はありました。また当時からお付き合いいただいている方も観光関連の方が多く、いわゆるサポートいただける仲間もたくさんいたので心強く現職に就くことができました。

具体的に当協会の再生をどのように行ったかのを順に説明します。

地域資源についての洗い出しと観光資源化・観光振興化

はじめに取り掛かったのが当協会の本来の目的である観光振興です。観光施設だけが観光資源だけではなく、地域の資源の見直しを図るという観点に立って、取り組みを進めていきました。

沖縄市の地域資源は、観光施設としては沖縄県内で初めて設置された動物園「沖縄こどもの国」や日

沖縄市が2021年春に竣工予定の1万人収容のアリーナ。Bリーグの琉球ゴールデンキングスのホームアリーナとしてだけでなく、コンサート・展示会など幅広い活用が期待される

本夜景遺産に認定された「東南植物楽園」がありますが、街への経済効果を考慮し、いくつかのカテゴリーに分けました。

①スポーツ関連

２０１６年より運営が始まったＢリーグの強豪チーム「琉球ゴールデンキングス」のホームタウン（年間試合観戦数約10万人／18年シーズン実績）であるほか、Ｊ２リーグ所属（19年時点）の「ＦＣ琉球」のホームスタジアム（年間試合観戦数約８万人／19年実績）を擁し、ＮＰＢの「広島東洋カープ」が春季キャンプ地として当市を利用していただいています。また21年春ごろにはＢリーグ発足以来初の１万人収容のアリーナが竣工し、琉球ゴールデンキングスの関連会社が施設管理します。

これにより琉球ゴールデンキングスの観戦者数は最大30万人に激増する可能性があります。また、ＦＩＢＡバスケットボールワールドカップの予選会場にも認定されました。スポーツ観戦のために沖縄市に訪れる観光客がますます増えると予想されます。アリーナにつきましてはバスケットボール等のスポーツの興行だけではなく、コンサート・

展示会等広く用途変更できるように企画・設計していると聞いています。

②エイサー（お盆の時期に踊られる伝統演舞）関連

沖縄市を含む沖縄中部エリアではエイサーが盛んです。この演舞活動の基となるのが自治会の中の青年会です。青年会は地域毎のエイサー演舞を継承するだけではなく、お年寄りや子供たちのお世話、地域の清掃活動など多岐にわたり地域活動を行っています。

沖縄市では19年に64回の歴史を誇る「沖縄全島エイサーまつり」を実施し、開催3日間で35万人を集める沖縄県内でも最大級のイベントになっております。また、祭りは旧盆の最初の金・土・日で実施されますが、祭り前の2か月間は沖縄市内で「エイサーナイト」が6～8日間実施され、1回開催あたり1～2千人がイベントを観覧します。

③ゲート通り（コザ）

前述の通り、沖縄市にはアメリカ文化の影響が色濃く残っておりペイデイ（米軍の給料日／月に2回）直後や、週末の夕方～夜にかけては六本木交差点より外国人比率が高いと言われるほど異国に立った雰囲気を味わうことができます。過去には日本人とのトラブルがあったと聞いていますが、現在は米軍とはあまり接点を持つこともなく、ただ雰囲気を楽しめる環境にあります。

また、当時の名残から、通りを中心に7店舗のライブハウスが軒を連ね、超一流のテクニックで来場者を楽しませています。ベトナム戦争当時本物の音楽を知っているアメリカ人が多数この街を訪れ、酔いも手伝って中途半端な演奏をすればビール瓶や灰皿が飛び交うほどで、逆に素晴らしい演奏をすればチップがはずまれたり握手を求められたりと、厳しい環境の中、技術やエンターテインメント的要素が磨かれたようです。

ライブハウスをいくつかピックアップすると、60～80年代のアメリカン・クラシックロックの曲が聴ける老舗のライブハウス「ＪＥＴ」。映画ボヘミアンラプソディーの大ヒットで連日満員の「ＣＬＵＢ ＱＵＥＥＮ」。高い人気を誇る実力派オールディーズライブハウス「ＲＥＶＥＲＳＥ」などなど。現在のゲート通りでも往時の雰囲気を味わうことができます。

④アーケード商店街とその周辺（コザ）

レガシー的な店舗だけではなく、通りにはシャルキュトリの店「ＴＥＳＩＯ」が新規オープンしました。ＪＴＡの機内放送でピックアップされるなど、多くのマスメディアで紹介され、県外からのお客様やお取り寄せも増えていると聞いております。代表的で個性的なお店をピックアップしますと、沖縄でのせんべろ先駆者「足立屋」、アーケード飲みを定番化させた「本気酒場 でんすけ商店 コザ」、上質な映画を観ながらカフェスタイルでドーナツを食べられる「シアタードーナッツ」、沖縄ではまだまだ珍しいクラフトビールを出す店「コザ麦酒工房」、スポーツ好きがあつまる居酒屋「ドラキン」、大人のダイニング「Ｄ－ｓｔｙｌｅ なかた」、沖縄では珍しい日本酒バー「越佐（えっさ）」など個性的なお店がこの1年半の間に50店舗程度オープンしました。

宿泊施設も沖縄の他のエリアと異なった動きがあります。前日の通り古い街であるのと、ビーチが無いなどリゾートとは言いがたい環境のため、大きなリゾートホテルが市街中心地には存在しません。いま沖縄市で最も注目を集めているのはリノベーションされた宿泊施設です。中でも「トリップショットホテルズ コザ」は「街がラウンジ」をコンセプトに商店街の中で10部屋をリノベーションし内外の流行に敏感な若者やアーティストの人気を集めています。

⑤修学旅行プログラム

この街の成り立ちそのものが地域資源であり観光資源ではないかと考え、このカテゴリーを設けました。

沖縄市、特に中心市街地（コザ）は嘉手納基地の門前町として栄えた歴史があります。ご存知の通り沖縄は中学校・高校における修学旅行の人気エリアとなっており、年間40万人強が沖縄に修学旅行に訪れます。修学旅行は教育の一環として実施されますので、平和学習を修学旅行のカリキュラムとして採用されている学校も多くみられます。

沖縄の平和学習の主流は、戦跡や資料館、語り部などを通して平和を学ぶ「過去を知る平和学習」（戦跡と資料館）ですが、当協会が提案するのは、沖縄市でしかできない新たな形の「体験型平和学習」で、日米安保条約による米軍基地の恒常化が地域の暮らしにどのような影響を与えているのかを体感していただくプログラムです。これを一言で説明すると体験型の平和学習であり、テーマは「今ここにある戦後」（基地と暮らし）です。

体験型の主なコンテンツはガイドが同行する「まち歩き」です。街のさまざまなところに点在する戦跡や米軍基地があるために今も存在する沖縄以外の暮らし方との違い、また現在もアメリカドルが流通する街の商店でのドルによる買い物体験などです。

⑥映画のロケ地としての沖縄市（コザ）

古くからコザは映画のロケ地としても有名でした。撮影支援組織（フィルムコミッション）も沖縄県下では、沖縄県全域をカバーする沖縄観光コンベンションビューロー（以下、ＯＣＶＢと記載します）が沖縄フィルムオフィスを有している以外、市町村で同様の組織を保有しているのは沖縄市と石垣市だけになります。また、ＯＣＶＢの場合任期があるため、担当が定期的に変更されるのと違い、当協会は一貫して同じ人物が担当しています。そのため、ジャパンフィルムコミッションの全国総会が那覇市ではなく、沖縄市で実施されるなど、全国的にも業界では高い知名度を誇っています。

以上のカテゴリー分けに基づいて、観光資源・ＰＲするポイントは「スポーツツーリズム」「エイサー」など伝統的なイベントの告知」「ＦＩＴ（海外個人旅行）や国内個人旅行に絞ったＰＲの実施（既存の沖縄イメージではないアプローチ）」「修学旅行」「フィルムツーリズム（ロケ地巡り、ロケ誘致、ロケ支援）」に決めました。

観光資源を誰に・何を・どのように伝えるか

沖縄県をはじめ沖縄県内の市町村の観光協会的な組織が他府県から誘客を図る場合、ほとんどが旅行博や旅行相談会、沖縄関連イベントでPRを実施するのが常套手段でした。当協会でも以下のように同様の方法でPRを実施していました。

①PRの回数を増やし、方法を見直す

まずはPR回数の変化についてですが、2016年度は12カ所でのPRを実施。この回数は沖縄の他市町村に比べても比較的多い回数だと思われます。17年度（就任初年度）は19カ所で、18年度（同2年目）は32カ所でPRを実施、19年度（同3年目／2020年1月現在）は59カ所でPRを実施と激増させています。

16年度までは沖縄市の兄弟・姉妹都市や長い期間招へいされたイベントにのみ参加し、PRを実施していました。全国の自治体がインバウンド需要の取り込みにやっきになっている昨今においても海外PRは数年に1度のペースしか行っておらず、十分なPR機会を持っていたとは言い難い状況でした。まずは、国内で開催される沖縄関連のイベントをピックアップし、参加するかどうかを検討しました。沖縄市単独で出展PRするより、沖縄県としてPRをする場に便乗した方が効率的だと考えた結果です。

また、沖縄への就航便数の多いエリアもPR対象エリアとして考慮に入れました。当たり前のことで

すが、便数の多いエリアへのPRは、少ないエリアへのPRと比べてポテンシャルが異なります。例えば、2020年1月時点で関西エリアからの便数は1日に3空港（関空・伊丹・神戸）合わせて23便です。一方、福岡（福岡・北九州）からの便数は2空港合わせて21便です。人口は関西エリアの方が圧倒的に多いのですが、沖縄への来県ポテンシャルは関西と福岡では大差ないのです。ちなみに羽田・成田からの便は39便、名古屋からの便は14便です。インバウンドに目を向けると台湾からは14便も飛んでいます。

しかしながら、こういった簡単なデータを考慮することなく、関係性の深さや長く参加しているイベント開催に参加することを重視し、福岡ではなく関西エリアや愛知でPRが多く行われていました。台湾に関しても同様に1日14便も就航しているにも関わらず、定期的なPRは行われていない状況でした。

前述の様に沖縄市にはビーチがありません。また、大きなリゾートホテルも市内中心地にはないため、沖縄ビギナーにとってはハードルが高く、リピーターに対し「違う沖縄」「もう一つの沖縄」「あなたの知らない沖縄」をアピールする必要があります。

②PR原資の確保

後述しますが、沖縄市からの助成金が激増したわけではなく、旅費の見直し、自主財源の確保、沖縄市以外からの委託を原資に充てています。

③PR内容

19年度に県外・海外で59回実施したPRをカテゴリーで分けると、海外PRは15回、スポーツツーリズムが14回、修学旅行が10回、フィルムツーリズムが5回となり、新規エリアが39カ所になりました。

189ページにある表が2019年度市外・海外で実施したPRの一覧になります。

・海外PR

沖縄と直行便で結ばれているエリア、もしくは近い将来結ばれる予定のエリアを中心に実施。沖縄市はチャンプルー（ごちゃ混ぜ）文化と言われています。つまりさまざまな人種や文化・音楽・芸能などがごちゃ混ぜに存在しています。

たとえば韓国・ソウルでは、沖縄市に1742名の外国人登録者がおりその中で108名が韓国籍の住民であること、そして毎月韓国籍の住民と沖縄市民が〝琉韓交流会〟という名の懇親会を行っていることを中心に、市民交流が盛んであることをPRしました。ソウル近郊のピョンテク市（平澤市）では、同じ米軍基地の門前町であり、似たような風景や通りがあることで共感を呼ぶようなPRを実施しました。台湾では、台北の迪化街（デーフォアジェ）の縁結びの神様〝月下老人〟が毎年3カ月ほど沖縄市の一番街商店街で祀られていることや、台湾でも人気のオリオンビールの祭典「オリオンビアフェアフェスタ」が開催されていることなどをPRしています。

・スポーツツーリズム

前述の通り、沖縄市をホームタウン・ホームスタジアムにしているプロスポーツチームとしては、B

リーグの強豪である琉球ゴールデンキングスや２０１９年Ｊ２リーグに昇格したＦＣ琉球があります。スポーツを観戦するために沖縄市を訪れる観光客がいるのではないか？　という仮説を立てました。沖縄県外では比較的見られる光景ですが、飛行機に乗ってわざわざ沖縄まで来てくれるのか？　以前、琉球ゴールデンキングスのゲームでのアンケート（18年3月〜4月実施、母数１３４０名）結果によると９％が県外からの観戦者であることがわかり、スポーツツーリズムのＰＲの実施を決定しました。年間10万人以上の観戦者がいることから考えると、単純に１万人弱の観光客が沖縄市に訪れることになります。

まずＪ２リーグのＦＣ琉球のアウェイ戦で、19年4月に鹿児島で開かれた鹿児島ユナイテッドＦＣとの試合会場でＰＲを行いました。Ｊ２に昇格して初めての鹿児島での対戦だったことに加え、沖縄から来たという話題性も手伝って、瞬間的ではありますが、４００名が沖縄市ＰＲブースに並びました。ＰＲの内容は沖縄市の観光ＰＲと次回のＦＣ琉球にとってのホーム戦の案内です。また、沖縄市に来ていただき、ＦＣ琉球のサポーターとの交流ができる居酒屋を中心とした飲食店も開拓しました。またホーム戦ではｔｗｉｔｔｅｒを活用して相手チームのサポーターと事前交流を実施し、試合後には交流を楽しむ風景をｔｗｉｔｔｅｒで発信する工夫も行っています。

・修学旅行

年間のＰＲ回数はＪリーグでは７カ所で実施し、Ｂリーグでは２カ所４日間実施しました。

前述の平和学習のＰＲはＯＣＶＢが県外で実施する修学旅行商談会を中心に実施しました。ひめゆりの塔などの有名な施設がないため、企画された7回に全て参加しＰＲを実施しました。
以下は「基地のまちＫＯＺＡ（コザ）を歩く　２０１８年版」からの抜粋です。

１９４５年9月7日、悲惨を極めた沖縄戦の降伏調印式が、現嘉手納米空軍基地（旧越来村森根地区）で行われました。この日がコザの第一歩。米軍は、基地を抱えてしまった村をコザと名付けます。コザには、音楽、ファッション、食など、ありとあらゆるアメリカ文化が兵士たちのドルとともに流入しました。同時に、沖縄本島はおろか離島や奄美の島々、また香港、台湾、インドなど世界各地から人が流入し、独特の文化圏を形成してゆきます。その結果コザは、「基地の街」の一言では語れない複雑な歴史を刻むことになりました。

・フィルムツーリズム
年に数回あるロケ地フェアや映画関係者のイベントに出展して、ＰＲしました。主な支援項目は「ロケ地のご紹介、撮影許認可の調整・交渉」「映像制作関連事業者や宿泊施設などの紹介」「募集告知やエキストラの手配など」「ロケハンでの案内（可能な限り実施）」「道路使用許可などの申請アドバイス」で、18年度は年間１１３もの支援を行いました。

2019年度市外・海外で実施したＰＲ一覧

項番	月	地域	内容	観光PR	修学旅行	スポーツ	海外	フィルム	物産	新規
1	4月	鹿児島	アウェイツーリズム／ FC 琉球 vs 鹿児島 UFC	●		●				●
2	5月	神奈川	川崎ハイサイフェスタ	●					●	
3		神奈川	映画「小さな恋の歌」試写会&デビューコンサート	●				●		●
4		大阪	関空旅博	●						
5		岡山	アウェイツーリズム／ FC 琉球 vs ファジアーノ岡山	●		●				●
6	6月	韓国（ソウル）	KOTFA（韓国ワールドトラベルフェア）	●	●	●				
7		台湾（台北）	JNTO 主催　訪日教育旅行商談会	●	●		●			●
8		台湾（台中）	JNTO 主催　訪日教育旅行商談会	●	●		●			●
9		台湾（高雄）	JNTO 主催　訪日教育旅行商談会	●	●		●			●
10		香港	ITE（香港旅行博）	●			●			●
11		京都	アウェイツーリズム／ FC 琉球 vs 京都サンガ	●		●				●
12		埼玉	アリオ埼玉　沖縄フェア	●						
13		静岡	修学旅行商談会 in 静岡	●	●					●
14		福岡	DMO 会議	●						●
15		長崎	アウェイツーリズム／ FC 琉球 vsV ファーレン長崎	●		●				●
16	7月	愛知	東海市　沖縄フェスティバル	●					●	
17		福岡	TNC 夏祭り	●					●	
18		中国（上海）	夜景サミット	●			●			●
19		東京	ジャパンフィルムコミッション	●						
20	8月	広島	広島東洋カープ冠試合　沖縄市 Go ナイター	●	●			●		
21		大阪	豊中祭り	●					●	
22		茨城	修学旅行商談会 in 水戸	●	●					●
23		大阪	修学旅行商談会 in 大阪	●	●					
24		東京	修学旅行商談会 in 東京	●	●					
25		山口	岩国市錦町まつり事前 PR	●						●
26	9月	東京	アウェイツーリズム／ FC 琉球 vs 町田ゼルビア	●		●				●
27		新潟	修学旅行商談会 in 新潟	●	●					●
28		山形	花巻産業まつり	●					●	●
29		中国（上海）	FIBA バスケットボールワールドカップ	●		●	●			●
30		大阪	B リーグアーリーカップ	●		●				●
31		埼玉	J リーグ　大宮アルディージャ vs 東京ヴェルディ	●		●				●
32		韓国（ソウル）	MICE 商談会	●			●			●
33		韓国（ピョンテク）	ピョンテク国際交流財団	●			●			●
34		台湾（高雄）	沖縄まつり　沖縄県産業振興公社	●						●
35	10月	東京	良い仕事フェア	●					●	●
36		福井	修学旅行商談会 in 福井	●	●					●
37		台湾（台北）	オリオンビアフェスタ in 台北	●			●			
38		東京	ジャパンフィルムコミッション	●				●		
39		大阪	ツーリズムエキスポ 2019	●						
40		広島	広島東洋カープキャンプ打合せ	●		●				●
41		韓国（ソウル）	沖縄県知事同行トップセールス	●			●			●
42	11月	長野	修学旅行商談会 in 長野	●	●					●
43		愛知県	東海市秋まつり	●					●	
44		台湾（台北）	ITF（国際旅行博）	●			●			●
45		山口	岩国市錦町まつり	●					●	●
46	12月	ベトナム（ホーチミン）	ITFI（国際旅行博）	●			●			●
47		広島	広島東洋カープキャンプ事前打合せ	●		●				●
48		福岡	ギラバンツ北九州　次年度 PR	●		●				●
49	1月	東京	東京ドームふるさとまつり	●					●	
50		東京	ロケ地フェア	●				●		
51		タイ（バンコク）	ITIF（国際旅行博）	●			●			●
52		タイ（バンコク）	沖縄ナイト in バンコク	●	●					
53		大阪	ゼミ合宿 PR	●						
54		北海道	B リーグ　オールスター戦	●		●				●
55	2月	福岡	福岡旅博	●						●
56		福岡	ギラバンツ北九州　次年度 PR	●		●				●
57		東京	MICE 商談会	●						
58		名古屋	MICE 商談会	●						
59	3月	香港	香港フィルマート	●			●	●		
				59	10	14	15	5	9	39

ミュージックビデオやＣＭ撮影では１日～数日、映画ロケでは長ければ１カ月以上、沖縄市に滞在します。特に19年に公開された映画「小さな恋のうた」では、スタッフが２カ月間ロケで滞在され、大きな経済的効果も発揮しました。

会計の透明化

①月次決算の導入

以前は、当協会では決算は年に１度しか実施していませんでした。民間企業では当たり前かもしれませんが、決算を月次で行うことに決めました。事務処理の手間は少々かかりますが、これを実施することにより、月次のキャッシュフローを予測することができるようになります。行政機関と取り引きされたことがある方はご存知だと思いますが、ほとんどの場合は、精算払い（年に１度の入金）です。必然的にキャッシュフローが厳しくなります。月次決算を導入することにより借り入れの予測ができ、職員に支出に対してシビアに感じてもらうことも目的としました。

今では当協会の経理担当者が毎週キャッシュフロー表を更新するほどになっています。

②経理の一元管理と出金の事前承認制

当協会では沖縄市だけでなく、ＯＣＶＢ、旅行代理店、県内のホテル等多くのお取引先とお付き合いをさせていただいています。今までは、事業担当者が支払いも行っていましたが、経理関係の仕事を一元化しました。また、わずかな金額の出金も私にメールで承認を得る仕組みを取り入れました。出金のエビデンスを残すことと、適正な出金額・時期を管理することが目的です。逆に私が出金する時や私自身が出張や、備品購入で出金しなければならない場合は、当協会の次長にメールにて出金の承認を得た後、出金する仕組みも同時に導入しました。

これにより、出金額、支払先、時期、内容をデータで残すことができ、同時に月次決算の導入により会計が透明化されました。

自主財源の確保、旅費などの費用の見直し

①物産の販売

・オリジナル商品の企画・製造・販売

沖縄市には、〝エイ坊・サーちゃん・ターくん・さなじぃ〟という4体のキャラクターがいます。この4体を活用したオリジナル商品を作成しました。作成時に考慮したポイントは、日常でも使用可能、沖縄らしいお土産にもなる、4体を活用したデザイン、原価率50％以下で作成できる、ことです。特に自主財源の確保を目的にしているので原価と売値はシビアに考えました。

日常でも使用可能という点からは「ミネラルウォーター」「エイサーシャツ」を企画・製造・販売しています。ミネラルウォーターについては発売2年ですが年間3万本以上売り上げる定番商品になって

協会が作成したオリジナルグッズ。スリサーサー水（ミネラルウォーター）は定番になり、年間3万本以上販売

おり、エイサーシャツについても19年度は４５０着作成し、残りはわずかとなっています。

沖縄らしいと言えば「ちんすこう」。これもオリジナル商品を企画・販売しています。一つひとつ個包装になっているちんすこうを大量に購入し、上記４体のシール張ってオリジナル商品としました。こちらも協会では定番商品となっております。

これ以外にもさまざま々なオリジナル商品を作成し、協会店頭・イベント時に販売しています。

・売れ残り商品は現金化

当協会の倉庫には何年も前のイベントグッズが眠っていました。イベントTシャツが代表的ですが、これらの売れ残り商品をレガシーグッズワゴンセールとして、沖縄市内イベントで販売しました。特に民間の小売店では当たり前である季節物のバーゲンセールの感覚が当協会では意識されていませんでしたが、この現金化の意識を浸透させました。倉庫に眠っていた何年も前のTシャツが多い日で70着以上売れました。

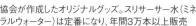

・スポーツ球団と提携し、球団オリジナル商品を販売

前述のＦＣ琉球、琉球ゴールデンキングスに加え、沖縄市は広島東洋カープの春季キャンプ地としても有名です。これら３球団のオリジナルグッズの販売も実施しています。沖縄を代表するプロの２球団とカープのオリジナルグッズを同時に購入できる店舗は当協会だけになりました。

・販売チャネルを増やす

店頭販売・イベント時販売だけでなく、別の販売チャネルも開拓しました。

２０１９年６月、浦添バイパスに「サンエー浦添西海岸 ＰＡＲＣＯ ＣＩＴＹ」が開業。県内でも大きな話題となっていました。こちらの店舗に入居している沖縄宝島という店舗内で沖縄市のブースをお借りして物産の販売を実施しています。また地域の郵便局にもブース設置し、オリジナル商品・会員商品を販売しています。

・コラボ商品の企画・販売

アメリカメジャーリーグの帽子製造で有名な「Ｎｅｗ Ｅｒａ」社とエイサーエンブレムのコラボ商品、カープキャンプ時にはカープ坊やとエイ坊のコラボ菓子・グッズなども企画・販売を行っています。

②修学旅行、ミニ団体旅行、ミニＭＩＣＥを積極的に受け入れ

・ガイド付きまち歩きを実施

前述した「修学旅行プログラム」を当協会では販売しています。

・ミニMICEの実施

大規模リゾートホテルやMICE施設はないものの、アーケード付き商店街があり、雨風を防げることに着目しました。この商店街をミニMICEの宴会場として活用しています。この2年間で50店舗ほど開業したとは言え、まだまだシャッターが下りている店舗・商店街があります。この商店街の道路使用許可を取り、年間1〜2回程度ですが宴会場として提案・活用しています。店舗（下ろされたシャッター）前にケータリングによる食事コーナー、泡盛カウンターを設置。商店街の四つ角をステージとし、四方からステージ上の演奏やスポーツ・演舞を見ることができ、また地元の市民との交流もできるようにしています。また、沖縄の開放感、温度感も味わっていただいています。参加者からは非常に好評です。

③旅費などの経費の見直し

観光PRを行う組織にとって、人件費の次にかかる費用はPRのための旅費です。またビーチがない沖縄市は市外、県外、海外でPRを実施しなければ気付いてもらえない地域です。これまで躊躇せずに旅行代理店に多くの出張の手配を依頼していました。沖縄は相当数のLCCが就航しており、また楽天トラベルやじゃらんnetに代表されるOTA（オンライントラベルエージェント）のホテルパックが便利で格安になっています。当協会職員だけが2～3名で出張の場合は、ホテルパックもしくはLCC＋OTAで手配する方法に変更しました。30～40名規模のエイサー隊を派遣する場合はLCCはリスクが伴うので旅行代理店を利用することにしました。つまり、リスクと価格のバランスをしっかりとるように変更したのです。この2点により、17年度に19回実施したPRは18年度に32回へと大きく増やすことができました。

④DMO（Destination Management Organization）化

観光庁が規定する日本版DMOは以下の通りです。

地域の「稼ぐ力」を引き出すとともに地域への誇りと愛着を醸成する「観光地経営」の視点に立った観光地域づくりの舵取り役として、多様な関係者と協同しながら、明確なコンセプトに基づいた観光地域づくりを実現するための戦略を策定するとともに、戦略を着実に実施するための調整機能を備えた法人。

DMO化に向けた動きについては、私が事務局長に就任した17年5月から研究を始め、地域の商店街、JA、漁協、金融機関をはじめ、商工会議所、そしてもちろん沖縄市の協力を得ながら18年7月末に「DMO候補法人」の登録を得ました。その後も、OCVBやJNTO（日本政府観光局）と連携を図りながら、19年10月に登録申請し、20年1月14日にDMOとして登録しました。DMOについてはさまざまな著書が発行されていますので、そちらをご参考ください。

結果として得られたもの

①数値的実績

２０１７年度で単年度黒字の達成と累積損失の一掃を図りました。

②協会職員の待遇改善

18年4月に6年ぶりに昇給を実施し、２年連続昇給を実現しました。ＧＷ、年末年始・夏季には長期休暇を取得できるようにしたほか会社指定休を導入しました。また、契約社員（嘱託職員）、パートについても一時金を支給することにしました。

③市役所、ＯＣＶＢ、マスコミ、そして地域の方々からの信頼回復

信頼回復のあかしとして、市役所からの事業委託だけではく、ＯＣＶＢからスポーツツーリズム関連の受託をいただく機会も増えてきています。また、年間の総括的な記事をはじめ協会の活動が新聞記事に掲載されることが増えています。

数値的実績

	実績		
年　度	2016 年度	2017 年度	2018 年度
収　入	112,953	100,846	120,365
支　出	119,797	90,748	114,700
損　益	-6,844	10,098	5,665
自主事業比率	11.7%	21.6%	24.3%

（単位:千円）

最後に

私たちの取り組みをサポートしていただきました沖縄市の市長はじめ副市長、担当部局、商工会議所はじめ関係者、なにより職員の頑張りに感謝するとともに、常に前向きな働きをする沖縄市観光物産振興協会の仲間に賞賛の言葉を贈りたいと思います。

観光に携わる全国の同志の励みになればと思います。

第10話

ネット動画で地域の魅力を海外に発信

～動画は言葉の壁を超えて伝わる～

池田 由利子

株式会社ピー・キューブ　取締役

池田 由利子

（いけだ ゆりこ）

Profile

Yuriko Ikeda

1986年4月、株式会社リクルート入社。関西INS事業部（情報ネットワーク）企画課に配属後、営業課庶務に。国有事業だった通信事業が民営化された「通信の自由化」の翌年でリクルートでも新規事業を立ち上げ、力を入れていた。

1989年7月末に、たった3年3カ月だったが大変濃い経験をさせていただき退職。その後、関西の情報番組「おはよう朝日です」などの情報番組のディレクターをしながら、1996年映像制作会社の株式会社ピー・キューブを立ち上げ代表取締役社長に就任。制作部・CG部・制作技術部・編集部の4つの部門を作り、番組制作だけでなく企業PV、CM、ネット動画やサイネージ用の映像を制作。2010年からは外国人スタッフを採用し海外向けの観光PR映像を制作。オリジナルネット番組「ビックリ日本」は、Youtubeのチャンネル登録者数12万人を超えた。また、台湾・タイ・シンガポールで放送の日本紹介番組や、カンボジアの教育番組の制作も手掛けてきた。2018年7月に次の世代を育成するために、社長を退任し代表権の無い取締役に。現在は「ビックリ日本 外国人お仕事奮闘記」で、外国人雇用の促進にネット番組が生かせないかと試行錯誤中。

映像は言葉を超える

新型コロナウイルスの感染拡大で「もうインバウンドには懲りた」と思う方もいらっしゃるでしょう。それでも私は、今こそ再びインバウンドに力を入れるべきだと思っています。

「ネット動画を使って日本を世界にＰＲ」というテーマを掲げ、ここ10年試行錯誤してきました。「美味しそうな料理」「美しい景色」「楽しそうな人の表情」は、言葉で説明するより映像で見せたほうが早く、印象に残るからです。もちろん地図や写真、文章の方が分かりやすいこともありますが、特に言語が異なる海外の人には「視覚で訴える」ことが効果的なのは明らかです。

ただ、「おもしろ動画でバズって再生回数が増えればいいのか」「美しい映像に惹かれて行ったけど、実際に行ってみるとギャップが大きすぎてガッカリ」など、効果が疑われることもしばしば。「何が正解か？」と問われても多様な世の中なのですぐに答えられないのですが、私なりに10年経験して分かってきたことを、反省も含めて地域のＰＲを考えておられる方々に共有していただければと思います。

関西の情報番組「おはよう朝日です」の海外版を作りたい！

ネット動画で日本をＰＲできないか？　そんなことを考え始めたのは２００９年のことです。

私はリクルートを辞めてから、関西の「おはよう朝日です（ABC―TV）」のディレクターになり、その後制作会社を立ち上げました。「おはよう朝日です」は、２０１９年に40周年を迎えた長寿番組。地域の盛り上げには欠かせない情報番組で、関西では視聴率№１（同時間帯）です。関西の情報番組は「とにかくにぎやかでよくしゃべる」「自分たちの言葉（関西弁）で友達に話かけるように話す」というのが特徴です。友達に「今朝のテレビ見た？ 面白い店があるねんで」と話のネタにしてもらえるように。

ただ一方で関西経済の地盤沈下と日本の少子化は深刻化しており、今、目を向けるべきは国内よりも海外なのでは？ と悶々としていました。

「『おはよう朝日です』みたいなにぎやかな番組を海外にネット配信し日本のＰＲができないだろうか？」東京を経由せず関西らしさをダイレクトに海外へ発信したいという思いがありました。

やってみなきゃ分からない！ パイロット版で意外な反響

大きな会社なら、ここでマーケットリサーチとなるのでしょうが、中小企業はフットワークが命。「とにかく走ってみて考えよう！」ということになり、２００９年の11月、パイロット版をつくることに。たまたま神戸で撮影する仕事があったので近くの有馬温泉を紹介する内容にし、私の古くからの友人、ブライアン・ネイソン氏にレポーターを頼み込みました。彼はアメリカ出身ですが六甲山に住むバリバリの関西人でもあります。制作には弊社で一番のベテランディレクター、小山を起用しました。

大きなTVカメラではなく、ディレクター自身が小型のデジカメで撮影した後、YouTubeにアップしました。このパイロット版をもとに、関西の2府4県の観光協会や自治体に売り込もうと、東の滋賀県から順番にリストアップして電話をかけていきました。ところが「役所内ではYouTubeは見ることができません」「海外向けは考えていない」というようなお断りばかり。数時間、電話をかけ続けた小山ディレクターが「どこも話すら聞いてもくれない」と疲れた顔でため息をついていた時、1本の電話が。「兵庫県の観光課からです」と。「小山さん、兵庫県に電話かけた？」「いや、兵庫はまだ」。キツネにつままれた気持ちで電話に出ると、電話の主は兵庫県の観光交流課の方で「YouTube見ました！　話を聞きたい」とおっしゃるのです。

兵庫県は早くからネットでのPRに目を向けていたそうで、担当の方がわざわざ弊社に足を運んでくださいました。私たちは、さっそく今考えている「ネット動画を使っての海外へのPR」の提案をしました。そして次年度公募の上、新たに企画書を提出し、めでたく採択。海外向けPRが実現しました。そもそも「有馬温泉でパイロット版を撮ったなら最初に兵庫県に電話をかけろよ」という話なのですが、アップしてまだ数日しか経っていないのに先方から電話がかかってきたのは驚きました。

当時の兵庫県観光交流課の藤井英映氏、山根隆二朗氏は、かなり尖っていらして、お役所にしては珍しく「前例がないこと」にチャレンジするのがお好きだったようで非常にありがたかったです。

留学生は人材の宝庫！　優秀で熱い

海外に発信するには、まず「優秀な人材」が必要。そこで、２０１０年1月、大阪府とハローワークが主催する、外国人留学生の合同企業説明会に参加させていただきました。小さなブースの前に座席が15席ほどあり、入れ替わり立ち替わりで就活中の留学生たちに説明していました。「英語を話す欧米系」が大半と思っていましたが、7割ぐらいがアジア系、しかも、最前列で前のめりになって説明を聞いてくれるのは、中国、台湾の方が多かったです。そして皆、日本語が上手！「海外って欧米のイメージが強かったけど、ひょっとしてアジアの方がニーズ大？」と思い、調べてみると、やはりインバウンド客も中国語を話す中華圏が英語圏よりも多いことがわかったので、優秀な中国人男女、計2名を採用することにしました。

こうして「海外に向けて日本を紹介」する動画は、主に中国語を中心に制作することになったのです。

英語圏はシュっと、中華圏はしゃべくりで関西風に攻めよ

２０１０年に制作した兵庫のＰＲ動画は、「英語と中国語で」と提案し、英語の話せるフランス人と、採用したての中国人社員をレポーターとして起用。1回の撮影で2カ国語版を制作しました。撮影は大変でしたが、コレはなかなかコスパのいい作戦です。実際にＹｏｕＴｕｂｅにアップしてインサイト情

報を見てみると、ほぼ同じ内容なのに中国語版と英語版では視聴者の好みが少し違うことに気が付きました。英語版は「神戸ビーフの定義は何か」みたいな説明も聞いてくれるのですが、中国語版では説明が長かったり、宣伝っぽくなると見るのをやめてしまいます。それよりも友達同士でワイワイ会話しているＶＴＲの方が好まれるということがわかりました。

つまり、おしゃべり好きでにぎやかなところが、中華圏と関西では似ているのです！　確かに台湾のテレビ番組も関西っぽいものが多い。中華圏の動画の好みはまさに関西の「おはよう朝日です」のノリと近かったのです。逆に英語圏は、あまりレポーターがでしゃばらず、シュッとした感じが好まれるようです。

YouTubeチャンネル登録者数12万人突破

ＹｏｕＴｕｂｅなどでは、いきなり動画をアップしても、なかなか再生回数が上がりません。ＴＶ番組でも雑誌でもレギュラー化してファンを作らないと視聴率が上がらないのと同じです。そこで、兵庫県のＰＲ動画の制作と並行して「オリジナルの番組を作ろう！」ということになりました。動画サイトでファンがたくさんいるチャンネルを持てば「自前の放送局」を持つのと同じ意味になるのです。

ある日、中国人スタッフの崇（スウ）君とお弁当を食べながら話をしていたところ、彼が「お弁当の梅干しをサクランボだと思って食べたらエライ目にあった」「イクラってタラコが大きくなったモノだと思っていた」という日本に来てビックリした経験談を話してくれて、皆で爆笑しました。

「そうだ、崇君がビックリしたことを番組にしよう！」という小山の発案のもと、２０１０年７月「ビックリ大阪」の名で動画の配信を始めました。翌年、「ビックリ日本」に改名、以来週１のペースで配信しています。「カメラの向こう側にいる母国の友達に語りかけ、日本でビックリしたことを教えてあげる」というスタイルにしました。

日本語で話すところには中国語のテロップを、中国語で話すところは日本語のテロップを入れて、日本語と中国語のどちらかが分かれば理解できるようにしました。後に「日本語を勉強中の外国人」に多く見てもらえるようになったのも想定外のラッキーです。とある中国の日本語学校では授業の中で教材として使ってくださっているとか。「東京に留学に行く予定でしたが、ビックリ日本を見て大阪に留学することに決めました」というメールが来たときは、とてもうれしかったです。大阪弁になってしまうことが少し心配ではありますが。

また、できるだけネタは大勢から集め、フレッシュなほうがいいと、外国人留学生インターンも毎年10人ほど受け入れています。天津出身の学生に初めて天津飯を食べてもらったり、野菜の無人販売

YouTubeからシルバークリエーターアワードを受賞。盾を持つのは台湾人リポーター兼ディレクターのSENKA

所や100円ショップといった気になるスポット、銭湯や電車内でのマナーなども取り上げげました。「日本スゴイね！」的な称賛ばかりではなく、時には「ガッカリ日本」をテーマに「日本人は英語が話せない」「人が多すぎる」など、日本の悪いところも取り上げてきました。故郷にいる友達に「日本ってこうだよ」と正直に話す感じです。

今ではYouTubeチャンネル登録数12万人の人気チャンネルになりました。

再生回数を上げるための5つのコツ

ここでYouTubeの再生回数を上げるための基本的なコツを挙げます。

1・相手（外国人）の目線で伝える
2・チャンネルの動画に一貫性がある（テーマに沿った動画をそろえている）
3・定期的に新しい動画をアップロードしている
4・サムネイルのインパクトは大切（きれいなだけはダメ）
5・タイトルの付け方を工夫する（長すぎると後ろが表示されない）

などが挙げられます。

5で、時々残念と思うのが「○○県○○市観光PR動画part1春編」のようなタイトルです。これ、誰か見たいと思います？　しかもチャンネル内に同じようなタイトルが並んでしまいます。

例えば、次の二つを比べてみましょう。

×【ビックリ日本】№４４８　外国人の知らない大阪隠れ名物「ひとくち餃子」

○外国人の知らない大阪隠れ名物「ひとくち餃子」【ビックリ日本】№４４８

リンクを貼るとき、タイトルが途中までしか見えないことが多いのですが、後者なら、タイトルが途中までしか見えなくても「ちょっと見てみたい」と思うのです。

また「インサイト情報」を見て「何を見てきたか」などを調べて対策を打つことも大事です。意外と「新しい動画」だけでなく「昔アップした動画が再燃」し、そこからファンが増える場合もありますので、とにかく一つのチャンネルをブランディングしながら、続けることが大事だと思います。

発信を続けることで思わぬ効果が！

実は中国本土ではＹｏｕＴｕｂｅを見ることができません。同じくＧｏｏｇｌｅやＴｗｉｔｔｅｒやＦａｃｅｂｏｏｋも使えません。なので、中国オリジナルのサイトを使わねばならず、私たちは「ＹＯＵＫＵ（优酷）」という中国の動画サイトにもアップしました。

写真は初めてから４カ月間の合計再生数の推移です。当時、手書きのグラフを貼って目標を追っていました。

グラフ用紙からはみ出るぐらいの急上昇のきっかけになったのは、大阪の街角でカワイイ女の子にイ

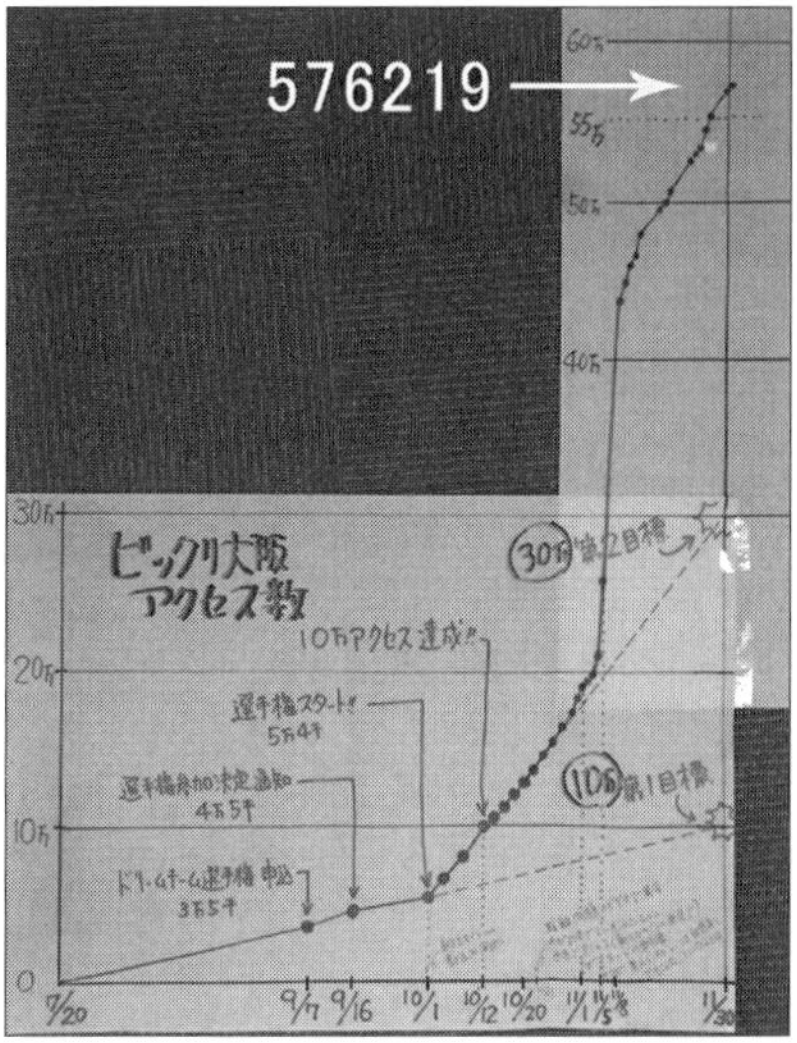

当時の手作りグラフ。枠からはみ出て嬉しい悲鳴。

ンタビューをしてファッションについて語ってもらった動画「オシャレ美女図鑑」です。なんとＹＯＵＫＵで1日に19万回再生されたのです。最初は「きっとＹＯＵＫＵのカウンターが壊れたのだろう」と思っていました。ところがその原因は、ＹＯＵＫＵのトップページで紹介されていたからでした。そこから急激に中国本土での認知度がアップしました。

この後も、日本や中国のＴＶ局、台湾のネットメディアほか旅行サイトなどで、私たちの「ビックリ日本」を取り上げて再発信してもらうことができました。勝手に違法コピーされていることもしばしばあります。

ここで、私たちは「発信を続けることによって、より影響力のある第三者に広めてもらえる」ということに気が付きました。そして半年後には、ＹＯＵＫＵと「日本企業として初めての公式チャンネル」の契約を結ぶことができたのです。またさらに翌年には大手のポータルサイトＳｏｈｏ（搜狐）の動画サイトにも私たちの公式チャンネルを作らせてもらえました。「アユの友釣り」と同じですね。

台湾の超人気映画「KANO」と有馬温泉のコラボが生んだ奇跡

海外向けのインバウンドやPRの仕事をしている中で、一番手ごたえを感じたのは、2014年、台湾で公開された映画「KANO」の出演者に有馬温泉のPR動画に出演してもらったことです。おかげで台湾でもかなり話題になりました。

最初に有馬温泉の観光協協会のカリスマ、金井 啓修氏からインバウンド映像の依頼を受けた当初は、ごく普通の多言語PR映像を想定していました。「海外から有馬温泉に泊まってもらうために、有馬だけでなく、近隣の観光地を一緒にPRしてほしい。そのために、いくつかの場所を多言語で紹介したい」との依頼でした。

私は「いくつかの観光地を多言語で」では、ぼんやりしすぎではないのか？　と悶々と考えていました。ちょうどその時、弊社には台湾人の女性ディレクターKINI（キニ）がいて、彼女と話をするうちに、有馬温泉がPRすべき地域は台湾に絞るべきだと確信するようになりました。理由は以下の5つ

1・台北～関空便が近々増えることがわかっていた。

2・台湾は日本に似た温泉文化があり大好き。

3・台湾でその年の2月に公開され大ヒット中の映画「KANO」が日本でも翌年1月に公開されることになっていた。

4・「KANO」は、日本統治時代、台湾の高校が甲子園に出場し準優勝になった実話をもとに作られている。

5・「KANO」の出演者は、この夏、甲子園に高校野球の決勝戦を見に来るに違いない（私のカンですが）。

そこで、有馬温泉に打ち合わせに行った時、「金井さん、多言語でいくつかの観光地の紹介じゃなくて、台湾に向けて甲子園＆有馬に絞りましょう」と思い切って提案してみました。「ＫＡＮＯ」の出演者に映画のＰＲを兼ねて有馬のＰＲビデオに出演してもらおうという案を話すや否や、金井氏は台湾にいる知り合いに電話をかけていました。「『ＫＡＮＯ』って映画知ってる？　有名？　みんな知ってるんや！」。電話を切ると、今度は「よし！　台湾に行って、その映画監督に交渉しよう」と立ち上がりました。

調べてみると、私のカンが当たり、彼らが夏の高校野球の観戦するため来日することは、ほぼ決定していたのです。

その２週間後、私たちは台風で荒れる台北に向かい、「ＫＡＮＯ」のプロデューサーと監督に会い、有馬のＰＲに協力してもらう約束を取りつけることができました。彼らは驚くほど協力的で、なんと甲子園での決勝戦の翌日、主役級のイケメン俳優、曹佑寧（ツァオ・ヨウニン）さんと陳勁宏（チェン・ジンホン）さんが有馬まで来てくれると言うのです。

一緒に行った台湾人ディレクターのＫＩＮＩは彼らの大ファンだったので、終始緊張していましたが、感激しっぱなしでした。

もし普通に台湾から映画タレント２人を日本に招いたら、交通費とギャラで制作費がなくなる恐れがあったのですが、映画のＰＲと、そもそも日本に来る予定があったということで協力いただけることになったのも幸運でした。

「KANO」&甲子園&有馬温泉は、インバウンド動画の中でも大成功例と言えると思います

ただ、その後、関西に大型の台風が来て、高校野球の決勝の日程がドンドンずれたり、有馬も台風被害に遭うなど、さまざまな苦労がありました。

そんな苦労が吹っ飛ぶぐらいうれしかったのは、出演者のツァオさんと、チェンさんがとても素敵な紳士で、なんでも興味を持って撮影を楽しんでくれたことです。紹介したのは、甲子園記念館、甲子園神社（素盞嗚神社）、有馬温泉街と夜の川床ですき焼き&夜店など。

小雨の降る中、タイトなスケジュールで撮影は大変でした。なんとか終わり、疲れ切って宿泊場所の御所坊の部屋でホッとしていると、金井氏がスマホを持って飛び込んで来ました。「これ見て！　スゴいことになってる」。見ると、Ｆａｃｅｂｏｏｋの彼らのページには、撮影の合間に甲子園や有馬を楽しむプライベート写真が次々とアップされ、物凄い数の「いいね」とコメントが寄せられていました。それを眺めながら「これだけで十分価値がある」と金井氏がつぶやいたのを覚えています。彼らはインフルエンサーだったのですが、当時はそんな言葉も使われていませんでした。

最終的には1万を超える「いいね」のついた投稿や写真がいくつもありました。

この動画制作後、有馬温泉観光協会は台湾に集中的にラブコールを送ることになりました。完成した動画は、ネットだけでなく台湾観光博や新竹でのＰＲイベントでも流し、そこでも大きな反響があったそうです。彼らの浴衣姿や入浴シーンは台湾のテレビでも見られません。超レアな動画です。台湾の大手旅行社から「台湾で有馬温泉は最も知られた日本の温泉地となった」との評価されたほどです。

やってはいけない動画ＰＲ　５つのＮＧ

今まで、さまざまな自治体の映像を作ったり、観たりしてきました。その上で「これは無意味だな」と思う動画のポイントを挙げてみました。

１・何となくの美しいイメージ映像

芸術作品としてはいいのだけれど「行こう」とは思わない。流行のドローンの映像も要所で使うと効果的ですが、結局行っても同じ景色は見られません。アプリで盛りすぎたプロフィール写真と同じで、実際に会った時にガッカリさせては、ＳＮＳの時代、逆効果だと思うのです。「外国人観光客の目線」となって「素の良さ」を伝えることが大切です。

2・海と山の幸に恵まれ四季折々の風景が楽めるというキャッチコピー

このコピーはどこの自治体でも使われるのですが、むしろ日本でそうじゃない所を探すほうが難しいです。また海外にだって四季はあります。有名でなくても地元ならではの料理や文化、生活風景や商店街など、そこに住んでいる方々とその生活にこそ魅力があるのでは？　と思います。

3・細かすぎる地図や難しい説明

細かい地図や難しい説明は動画には向いていません。アクセスは来ていただいてからググってもらう方が便利ですよね。また翻訳はシンプルな「意訳」にしたほうがいいと思います。日本人向けの説明文を翻訳してそのまま動画の説明で使ってほしいという依頼がたまにありますが、やめた方がいいです。例えば「カツオのタタキ」なんて言葉で説明するのに時間がかかってしまいますが、調理風景とお料理をパっと映像だけで見せてあげるほうが「食べてみたい」と思いますよね。難しい説明をせずに済むのが動画のメリットです。

4・偽インフルエンサーに騙されないで

今、動画サイトやＳＮＳを使ったサービスがたくさんありますが、その競争と栄枯盛衰は激しく、ファン数や再生回数をお金で買う「偽インフルエンサー」も多数存在し、莫大な広告費をぼったくる人も多いのでお気をつけください。実際、とある企業からも「ビュー数はバックヤードで操作ができます」と言われたこともあります。ある程度、見分け方もありますが、それを書くと裏をかかれてしまいますので書けません。

5・中国本土へは特別なアプローチが必要

先にも書きましたが、中国ではYoutubeや日本で使われている多くのSNSなどのサービスが使えませんので、特別なアプローチが必要です。

しかも、中国は競争が激しく、ある日突然サービス内容が変わったりシステムの調子が悪くなったりすることがあるので、複数のサイトにチャンネルを作ることをおススメします。YOUKUをはじめTouTiao（今日头条）や、Miaopai（秒拍）も今人気の動画サイトです。

この新型コロナウイルスの感染拡大の影響で、ますます中国の動画産業は活発化しました。

得るものが多すぎる！　留学生のインターンシップ

「地域活性に必要なのは『人』だ」とよく言われますが、私はその近道は「外国人雇用」にあると思っています。「いきなり外国人雇用と言われても」と思われる方には「インターンシップ」の受け入れがおススメです。東京、大阪、名古屋、福岡にはハローワークの中に「外国人雇用サービスセンター」があり、無料でインターンシップの募集をしてくれます。なんと労働局が傷害保険・損害保険も加入してくれます。弊社も10年、ここから毎年10人以上の外国人留学生のインターンを受け入れています。しかも現在働いている外国人スタッフ、4人中3人がこのインターンシップ経験者です。

ただ、気を付けなければいけないのは、彼らはタダで使えるアルバイトではないという点です。ですから来てくれたインターン生が「勉強になった。良かった」と思ってもらうようなカリキュラムを作らなければなりません。また「外国人は、安く雇える」と思う方もいるでしょうが、それも違います。少なくとも日本人と同じ待遇にしてください。

それだけ手間をかけても、それ以上に得るものも多いと思うのです。まず何より、外国人と一緒に仕事をすると私たちの視野が広がって、楽しい。これに尽きます。

外国人雇用のミスマッチを防ぐための動画を作りたい

最近、日本に働きに来て、その待遇の悪さに失望している外国人労働者のニュースを聞くたびに、悲しい気持ちになります。悪質なブローカーや受け入れ企業が多いのも問題ですが「ミスマッチ」も大きな問題です。きれいごとばかりでなく「現実の仕事内容・生活・環境・待遇」をリアルに見せ、「厳しいところ」も「楽しいところ」も両方伝えて、お互い納得するのが大切だと思うのです。

そのために2018年頃から私は「外国人採用のための動画制作」ができないものかと思案していました。この考えに共感してくださったのが、元リクルートで株式会社44−project 代表の薄田朋和氏です。同社は「ニッポン列島 適材適所」を目標に、外国人採用やインターンシップに力を入れていらっしゃいます。彼を通じて広島の自動車整備の会社でインターンをしている台湾人男性の仕事の様子を、プチドキュメンタリー風にビックリ日本のお仕事編の動画として作りました。しかも取材も、弊社の中国人の孫とインドネシア人のケルビンが担当しました。きれいごとだけでなく実際の仕事の大変さも伝わる動画になったと思います。

「ビックリ日本 外国人お仕事奮闘記（日本夢追尋隊）」のシリーズでアップロードしましたので、ぜひご覧ください！

残念なことにいくつかの取材が今回のコロナウイルス感染拡大の影響でキャンセルになってしまいました。しかし日本の景気回復のためには外国人との人材交流が必須と感じます。

適材適所で活躍する外国人が増え、それが地域の発展につながることを一番期待しています。いずれ、彼ら一人ひとりがインフルエンサーとなり、世界に地域の良さを発信していけるのではないでしょうか？

第11話

「観光地経営とは何なのか？」問い続けた先に見えたもの

～日本版DMOのフロントランナーとして
走り抜けた3年半の軌跡～

村橋 克則

大正大学　地域構想研究所　教授

村橋 克則

（むらはし かつのり）

Profile

Katsunori Murahashi

1987年、株式会社リクルート入社　1991年より国内旅行情報（じゃらん）事業部　東海じゃらんやじゃらんネットの立ち上げを担当　2001年編集局長、2003年事業部長。2005年より株式会社リクルートメディアコミュニケーションズ執行役員、2007年退職。同年、観光系コンサルティング会社設立、代表取締役に就任。2016年3月より一般社団法人せとうち観光推進機構代表理事、2019年9月退任。現在は大正大学地域構想研究所教授。

はじめに

「せとうちＤＭＯ成功の秘訣を語ってください」といった講演のご依頼をいただくことがよくあります。ありがたいお話なのですが、正直、返答に困ります。まだまだ道半ばで、胸を張って成功と言えるほどでもないという気持ちが強いのです。ただ、観光による地方創生の成功例として取り上げていただいたり、日本版ＤＭＯのフロントランナーと言っていただけることも多くあります。それなりに世間様がご評価くださっているのであれば、準備室の段階から事業責任者として関わらせていただいた身として、一度総括をしておくのも責務ではないかと思い、今回の執筆をお受けしました。「観光地経営とは何か?」という問いに向き合い、試行錯誤しながら仲間とともに奮闘してきた3年半を振り返ります。

せとうちＤＭＯとは?

ＤＭＯ（Destination Marketing/Management Organization）とは、観光地（Destination）を活性化させて地域全体を一体的にマネジメントしていく組織です。政府が提唱する「まち・ひと・しごと創生基本方針２０１５」内においては、地域内の官民協働や広域的な地域連携により魅力ある観光地域づくりを行う事業推進主体として、重要な役割が期待されています。せとうちＤＭＯはマーケティング・プロモーションを策定実行する一般社団法人せとうち観光推進機構と「せとうち観光活性化ファンド」

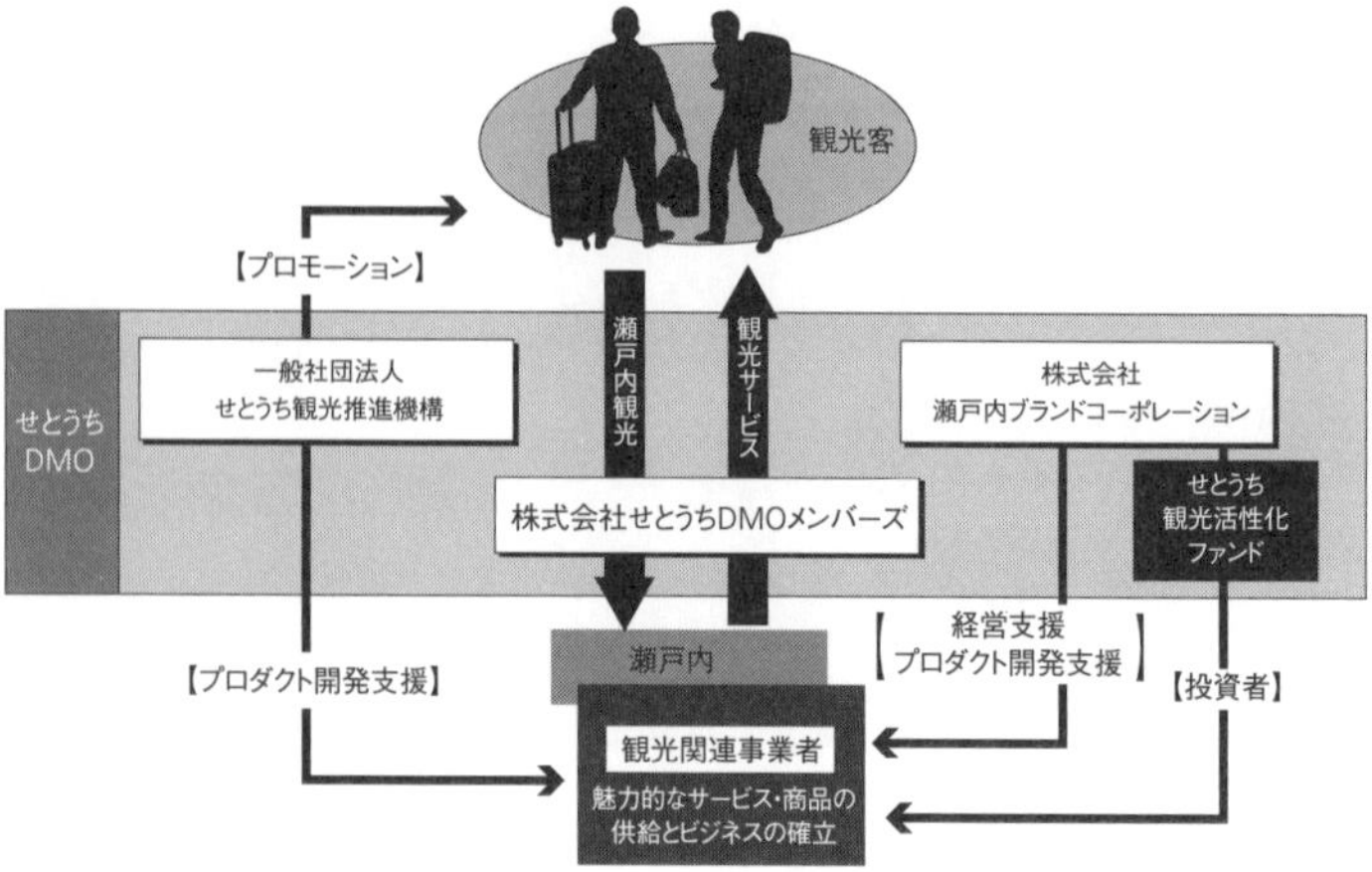

（せとうちDMOホームページを元に作成）

を活用してプロダクト開発支援を行う株式会社瀬戸内ブランドコーポレーションで構成され、瀬戸内が有する幅広い観光資源を最大限活用しながら、多様な関係者とともに情報発信・プロモーション、効果的なマーケティング、戦略策定等を行い、地域の皆さまが主体となって行う観光地域づくりを推進します。

青天の霹靂、リクルートのDNAに突き動かされて

「子供産まれたばっかりだから難しいと思うけど、一応、話聞いてみてよ」。リクルート時代の上司から掛かってきた1本の電話がきっかけでした。瀬戸内地域の7県が大がかりな観光プロジェクトを計画していて、その組織（DMO＝Destination Marketing／Management Organization＝観光地経営を担う組織）の責任者を探しているらしい。推薦しといたから一度話を聞くようにという依頼（業務命

令?）でした。あまりに唐突な話でしたし、この時点ではＤＭＯという言葉の意味もちゃんと理解していませんでした。まあ、話を聞くくらいなら、と人材会社の担当者との面会に臨みました。そこから、あれよあれよという間に話は進み、広島県知事の面接がセットされました。自治体の枠を超え、7県が一致団結して世界と戦える観光ブランドを構築していこうというプロジェクトの構想を伺い、とてもワクワクしたのを覚えています。それが２０１５年9月末。聞けば11月には広島に着任して、プロジェクトの準備に取り掛かってほしいとのこと。正直、迷いました。1歳になったばかりの娘と妻を置いて、広島に行っていいのかと。

一方で、リクルートを辞めてから始めた観光コンサルの仕事に限界を感じていたタイミングでもありました。自治体の仕事がメインで、それなりに喜ばれてもいたのですが、事業終了と同時に縁が切れることも多々ありました。また、自分が関わっているうちはそれなりにうまくいっていても離れてしばらくすると元の木阿弥という事例も何件かあり、最終結果に責任を持てないコンサルという仕事に対する忸怩たる思いも高まっていました。そこへ来て、現場に入って自分の責任でプロジェクトを動かせるという仕事のお誘い。恐る恐る妻に相談すると「やってみたいんでしょ？　行って来たら。私は一緒に行けないけど」との返事。拍子抜けするほどあっけなくＯＫが出て、単身広島に乗り込むことになったのです。

縁もゆかりもない土地での新しいチャレンジ。多くの方から「なぜ？」と聞かれました。理由はただ

「面白そうだから」。それしかありません。今思えば、私を突き動かしたものは「自ら機会を創り出し、機会によって自らを変えよ」というリクルートのＤＮＡだったのかもしれません。

お役所の中で公務員の皆さんと働くことに

オフィスは広島県庁の中。初めてお役所の中で働くことになりました。一緒に働く仲間も皆、県庁職員です（準備室段階では広島県のプロジェクトという位置づけ。半年後に新組織が正式発足し、他県職員および民間企業からの出向者が入ってきました）。着任前、東京では多くの人からありがたい忠言をたくさんいただきました。「大変だぞ、役所は」「アタマ固いぞ」「新しいことへの抵抗感強いぞ」「役所独特のお作法に早く慣れろよ」。ずいぶんと脅されたものです。緊張感を持って組織に入りましたが、心配は杞憂であることがすぐわかりました。皆、真面目で優秀。責任感が強く、やり切る力がある。ただ1つ彼らに欠けているものがあるとすれば、それは「現状を疑う力」もしくは「なぜと問う力」だと思いました。素直すぎるのです。

こんなことがありました。着任早々、これまでやってきた事業（さまざまな調査やプロモーション活動）の経緯を各担当者から順番に説明してもらった時のことです。私が「どういう目的で、その調査をしたの？」「なぜ、その手法を選んだの？」と各打ち手に対して質問すると、急にしどろもどろになり、汗びっしょりで分厚いファイルをめくりだすのです。「別に怒っているわけでも、責めているわけでもなく、理由が知りたいだけ」だと説明すると安心してくれました。これまでの仕事で、上司から言われたこと、組織が決めたことについては無条件に正しいこととして受け入れ、疑義を唱えたり、理由を深く考えたりはしてこなかったんだろうと思います。それ以降、メンバー全員が「言われたことをやる」作業者ではなく、「自分の頭で考え、自分の意思で動く」仕事人になれるような組織マネジメントを心掛けました。

まず手をつけたのが「丸投げ」体質からの脱却です。極論すれば、それまでの事業における担当者の仕事は、仕様書（発注書）を作ることと精算をすることで、事業の中身については外部の「プロ」に任せっきりでした。それではスキルもつきませんし、事業への思い入れも弱くなります。そこで、可能な限り、自分の頭で考え、プロセスにも関与するよう仕事のやり方を変えていきました。当然、効率は落ちます。ほとんどのメンバーはマーケティングやプロモーションの知識・スキルはありません。一から勉強です。ただ、元が賢いので成長も早い。仕事へのモチベーションも高まり、組織として大きく前進することができました。

最初に「私たちはどこに向かうのか?」を決める

プロジェクトの正式発足に向けて、最初にやらなければならないのが戦略策定です。その中でも戦略の核となるミッション、ビジョン、ゴールを明確にすることから始めました。特にＤＭＯのような公共性を帯びた組織は自社の「売上」「利益」といったわかりやすい指標がありません。ともすると組織を作ることや維持することが目的化して、方向性を見失い、空中分解する可能性もあります。最初にしっかりと背骨を通しておくことが重要です。自分たちの存在意義（ミッション）は何で、どこを目指すのか（ビジョン）、どういう状態になったら成功と言えるのか（ゴール）、そのために捉えるべき指標（KPI）をどう置くのか、この段階でしっかり議論し共有したことが、後々効いてきたことは間違いありません。1、2年後、別のエリアのDMOと情報交換をする機会が増えましたが、このあたりが明確になっていない組織が多いと感じました。打ち手が有機的につながっていない、戦略という名の「やるこ

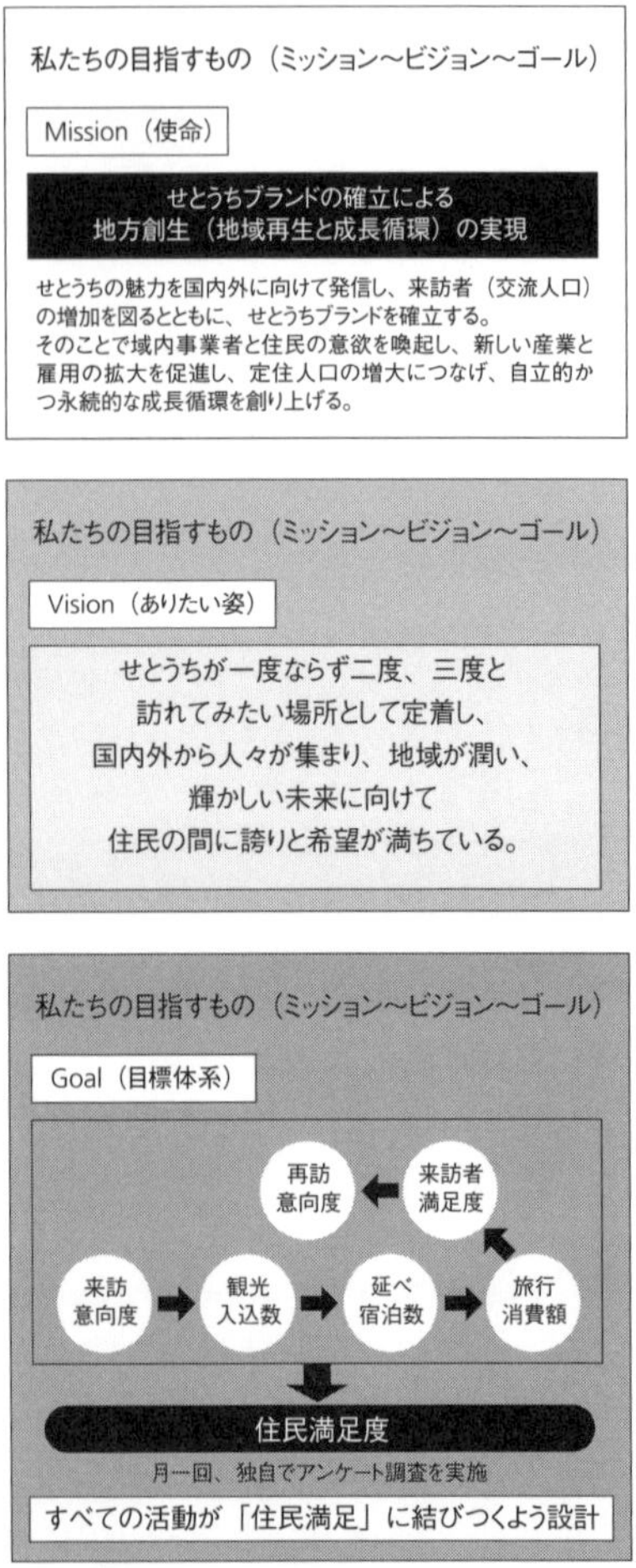

私たちの目指すもの（ミッション〜ビジョン〜ゴール）
Mission（使命）
せとうちブランドの確立による
地方創生（地域再生と成長循環）の実現
せとうちの魅力を国内外に向けて発信し、来訪者（交流人口）の増加を図るとともに、せとうちブランドを確立する。
そのことで域内事業者と住民の意欲を喚起し、新しい産業と雇用の拡大を促進し、定住人口の増大につなげ、自立的かつ永続的な成長循環を創り上げる。
私たちの目指すもの（ミッション〜ビジョン〜ゴール）
Vision（ありたい姿）
せとうちが一度ならず二度、三度と
訪れてみたい場所として定着し、
国内外から人々が集まり、地域が潤い、
輝かしい未来に向けて
住民の間に誇りと希望が満ちている。
私たちの目指すもの（ミッション〜ビジョン〜ゴール）
Goal（目標体系）
再訪意向度
来訪者満足度
来訪意向度
観光入込数
延べ宿泊数
旅行消費額
住民満足度
月一回、独自でアンケート調査を実施
すべての活動が「住民満足」に結びつくよう設計

戦略・戦術や日々の意思決定にいたるまで、このミッション・ビジョン・ゴールに照らし、ブレることがないよう、常に意識していました

とリスト」を見せられることも度々でした。

せとうちDMOではミッション、ビジョン、ゴールを次のように定めました。

目指すところに沿って、組織と仕事（機能）をデザインする

「組織は戦略に従う」（アルフレッド・D・チャンドラー著）という歴史的名著がありますが、我々の強さの源泉はまさにこの言葉に尽きると思います。せとうちDMOは前述した通り、「一般社団法人せとうち観光推進機構（以下、STA）」と「株式会社瀬戸内ブランドコーポレーション（以下、SBC）」の2つの組織で構成されています。STAは主に地域のマーケティング全般を担い、瀬戸内エリアへの訪問者を増やし、域内消費額の向上を目指します。そして高まったマーケットの可能性に対し、事業拡大や新商品・新サービスの開発にチャレンジする域内の事業者を資金面も含めて支援するのがSBCです。

このように、顧客（需要）の創造・拡大とビジネス開発（商品・サービス供給）を一体的に進められる機能を最初から備えた組織だったわけです。プロモーション一辺倒で、瞬間風速的な集客に終始していたこれまでの観光行政への反省を踏まえたものです。この両輪が機能することで、交流人口の増加を確実にビジネスにつなげ、良質な商品・サービスを生み出し、顧客満足を上げ、「せとうちブランドを確立」し、「地域の自立的・永続的な成長を実現する」ことを目指したわけです。

合意形成はしないと決める

「7県をまとめるのって大変でしょう。関係者も多いし、どうやってるの?」。よく聞かれました。正直、それほど大変だと思ったことはありませんし、意見調整に苦労したことはほとんどありません(もちろんゼロではありませんが)。確かに観光庁のホームページには日本版DMOの役割として「域内関係者の合意形成」と明記されています。しかし、現実問題として、利害関係者全員の合意を取り付けることは物理的に不可能です。また、そこに時間と手間を割くことで、事業のスピードが落ちてしまっては元も子もありません。鳴り物入りでスタートしたものの、DMOという組織自体の認知度や理解度がまだまだ低い中、早く成果を上げるか、少なくとも成果への期待値を維持し続けることが重要です。悠長に構えている時間はありません。スピーディーに意思決定をして、施策を実行していくことを優先しました(そのような方針を出せたのも、私の着任前からたくさんの議論を重ねてベクトルを合わせておいて下さった7県職員の皆さんの努力のおかげです。感謝、感謝)。

私たちが選択したのは「この指とまれ」であり「えこひいき」作戦です。やる気のある市町村や事業者を優先的に支援し、早めに成功事例を作ることで、後続者が出てくるようなポジティブな循環を創り出すことを心掛けました。

SBCのビジネス開発がその思想を体現し、多くの新しいビジネスが次々生まれました。瀬戸内海を周遊する宿泊型の高級クルーズ船や古民家を活用した宿泊施設、自転車とともに乗船できるサイクルシップの開発など、域内外で大きな評判を呼びました。SBCのこうした動きがメディアでも盛んに取り上げられ、せとうちDMOのプレゼンスが大きく向上し、域内外からどんどんお声掛けをいただけるようになっていきました。

ただ、組織内で閉じてしまって、施策が独りよがりになることは避けなければなりません。そこで私たちは、「部会」という域内外とのコミュニケーションの仕組みを作り運用していきました。部会は「エリア部会」と「テーマ部会」の2つ。前者は域内の市町村、後者は事業者とのコミュニケーションの場です。開催は4半期に1回。お客様と最も身近で接する観光の現場で何が起きているのか、困っていることは何なのか、我々DMOに期待することはどんなことなのかを丁寧に拾い上げることを心掛けました。部会の運営についてはは必ずしもうまくいったことばかりではありませんが、自分たちの姿勢をご理解いただくことはできたのではないかと思います。

徹底的に仕組み化する

私たちの組織のメンバーはほぼ全員が自治体や民間企業からの出向者です。2~3年で皆、出向元に戻ります。組織の継続性が担保しづらい宿命を背負っています。一方で、ミッションとして「地域の永続的な成長」をうたっています。人が入れ替わっても成果を出し続け、地域の成長に貢献していかなければなりません。大切なのは誰がやっても一定レベルの成果を期待できる仕事や事業の「仕組み化」です。このことは組織のスタート時点から強く意識をしてきました。

ＤＭＯのＭはマーケティング（Marketing）もしくはマネジメント（Management）です。私たちは、これを「マーケティング＝需要（顧客）創造の仕組みづくり」、「マネジメント＝地域が儲け続ける仕組みづくり」と定義しました。当然、施策にもこの定義を反映させています。

マーケティング（需要創造の仕組みづくり）においては、一過性のプロモーションで、瞬間的な盛り上がりを作ることを避け、現地（欧米）のマーケティング企業と提携し、旅行業界やメディアとの関係性を深め、じっくりと市場を育てていく仕組みを構築する方法を選択しました。そして、その仕組み（リアル）から獲得したものも含め、マーケット情報を蓄積できるデジタルインフラを用意し、情報活用の継続性を担保しました。

マネジメント（地域が儲け続ける仕組み）においては、魅力的なプロダクト（商品・サービス）が地域から生まれ続ける仕組みを構築することに腐心しました。市町村単位のＤＭＯでは、自分たちで商品・サービスを生み出し、収益を上げることに注力しているケースもあります。しかし、私たちのようなマネジメント範囲が広く、獲得しなければならない市場が大きいＤＭＯにはなじまないやり方です。ニーズが多様化し、変化の激しい市場で、地域間競争に勝ち、顧客に選択され、顧客満足を獲得し続けるには、１組織の商品開発力では限界があります。私たちは域内事業者がみずから積極的に商品・サービス開発に取り組むためのモチベーションを高めることと、事業者が取り組むビジネスの成功確率を上げるための仕組みを用意しました。

まずは、会員制度の創設・運用です。「せとうちDMOメンバーズ」という会員組織を創り、域内事業者の参加を募りました（会費は1カ月5000円）。交流人口の増加を自社の事業拡大や成長のチャンスと捉え、積極的にチャレンジしようとする事業者を発掘するのが目的です。有料としたのは「会費を払う以上、DMOを使い倒してやろう」と考える、意欲的な事業者を集め、場を活性化するためです。事業者同士のマッチングの機会、インバウンドビジネスの学習の場などを設け、会員企業とDMO、会員企業同士のコミュニケーションを促進しました。また、中小零細企業ではノウハウがなかったり、1社で用意するにはコストがかかりすぎるサービス（たとえば海外での物販サポート、外国語の電話通訳サービスなど）をスケールメリットによって安価で提供するなど、かなり手厚いメニューをご用意しました。2020年1月現在、約900社の皆様にご加入いただいています。その中から、会員企業間のコラボレーション商品の開発に繋がったり、SBCの活用（資金支援）に結び付くケースも複数出てきています。

訪日外国人の旅行消費額（日本滞在中に消費する金額）の35%以上を占めるのが買い物。つまりお土産です。魅力的な土産品の誕生を後押ししたのが「せとうちブランド登録制度」です。7県内の資源を使い、瀬戸内らしさを体現している加工食品や工芸品に瀬戸内ブランドとしてのお墨付きを与えた上で、プロモーションや流通面でのサポートをしました。すでに約1000商品が登録済みで、その中には全国的なヒット商品も出ています。「数は力」で、流通に対する発言力や影響力も高まり、棚取りなどで有利なポジションを確保できています。一方で、数が多くなってくると、十把一絡げ的な見方をされ、エッジが立たなくなるという弱点もあります。

そこで、「瀬戸内おみやげコンクール」を実施して、1番、2番、3番と順位付けをしました。競争環境を創り出し、切磋琢磨の中で、商品にさらに磨きがかかることを狙ったのです。コンクールではこんな嬉しい副産物もありました。第1回でグランプリを獲得したのは、徳島県出身のオーナーが東京・西麻布で経営しているフレンチレストランからのエントリー。徳島名産の鳴門金時を使った洋菓子です(商品名:「月へ鳴門へ」これ本当に美味しいです)。生まれ故郷の食材を全国の人にもっともっと知ってほしいという強い思いで、レストランに足を運べないお客様にも届けられるお土産品の開発を始めたと聞きました。グランプリ受賞後、方々から引き合いがあり、生産が追い付かない状態が続きました。そこで、徳島に工房を作り、生産力の増強を図ることが検討されています。地域に新しい産業と雇用が発生するのです。DMOとして地域に貢献する良い仕事ができたととても嬉しくなりました。

やらないことを決める(選択と集中)

他地域の広域連携DMOと比べると、せとうちDMOは事業の数が少ないのが特徴です。極論すれば、欧米を対象としたマーケティング活動と商品・サービス開発の支援の2つだけです。サボっているわけでも楽をしているわけでもありません。限りある資源を分散させずに、最重要なことに集中投下しているのです。なので、それぞれの事業の中身はとても濃いと自信をもって言えます。ステークホルダーが多く、あれもやってほしい、これもやるべきだという声は少なくありません。しかし、すべてに対応していては大きな成果は得られません。だから絞る。集中する。それができるのも、自分たちが目指すもの、やるべきことの軸がはっきりしていて、優先順位がつけやすかったからだと思います（白状しますと、初年度はあれこれ手を出しました。手さぐりだったのでいろいろ試したかったのと、やはり観光庁はじめ関係各所にいい顔をしたというのは否めません。反省）。

「観光地経営」って何？

3年半を振り返ってみますと、結局、やってきたことはリクルートで学んだ「事業経営」そのものだったと気付かされます。目指すところ（ミッション・ビジョン・ゴール）を定め、それを実現するための組織・機能をデザインし、大切なことに資源を集中し、多くの人を巻き込み、一気通貫した施策を実行し、商品（私たちの場合は地域）価値を最大化するという当たり前のことを当たり前に、ただひたむきにやってきただけです。

そして事業の成否を左右するのは結局は「人」なのだという結論にたどりつきます。強い当事者意識を持った優秀なメンバーが自律的に動いてくれました。もしせとうちＤＭＯの成功要因を１つ挙げるならそれに尽きると思います。３年目には私の仕事はほぼ無くなり、各セクションがそれぞれ自分たちで話し合い、成果を出してくれるようになっていました。潮時です。後ろ髪ひかれる思いもありましたが、家族の元に帰ることにしました。リクルート時代も事業や新商品の立ち上げを担当することが多かったのですが、組織や商品が自転し始めたら、私は次に行く。そういう役回りなんだと思います。

「面白かった！」というのが、今の正直な気持ちです。直感は正しかったようです。困難もありましたが、すべて良い思い出であり、貴重な財産になりました。この仕事をお引き受けして本当に良かったと心から思えます。機会を与えて下さった関係者の皆様にこの場を借りて厚く御礼申し上げます。そして、育児で大変な時期に気持ちよく送り出してくれ、留守をしっかり守ってくれた妻に大感謝です。

さあ次のチャレンジです。今年から大学の教員として次世代の育成に携わっています。お世話になった観光業界に優秀な人材を送り込むのが次のミッションです。ワクワクが止まりません。結構楽しくありがたい人生です。

第12話［特別寄稿］

「地域課題解決のための良質で戦略的な官民連携の手法：ガバメント・リレーションズ（GR）」

～日本版GRが必要とされる背景とその概要～

吉田 雄人

前横須賀市長
Glocal Government Relationz 株式会社　代表取締役

吉田 雄人

（よしだ ゆうと）

Profile

Yuto Yoshida

1975年生まれ。早稲田大学政治経済学部を卒業後、アクセンチュア株式会社にて3年弱勤務。退職後、早稲田大学大学院（政治学修士）に通いながら、2003年の横須賀市議会議員選挙に立候補し、初当選。2009年の横須賀市長選挙で初当選し、2013年に再選。2017年7月に退任するまで、完全無所属を貫いた。 現在、地域課題解決のためには良質で戦略的な官民連携手法である日本版GR：ガバメント・リレーションズが必要であるという考え方の元、Glocal Government Relationz株式会社を設立し、代表取締役に就任して現在に至る。

地域課題にとりくむ民間企業のコンサルテーションなどを会社として行うかたわら、地域課題解決のためのGR人材育成ゼミ（通称：吉田雄人ゼミ）を主宰している。また事務局支援として、地域の活性化をビジネスを通じて実現するための「熱意ある地方創生ベンチャー連合」や、全国の里山再生にとりくむ活動団体のプラットフォーム「Japan Times Satoyama推進コンソーシアム」で事務局長に就任。ほかに少年院や児童養護施設等を退院した若者の自立支援を行う「NPO法人なんとかなる」の共同代表などを務めている。

人口減少社会と時代背景

日本の人口が1億2808万をピークに減少をし始めたのは2008年のことです。1920年に国勢調査を始めて以来、日本の人口は戦争の惨禍を挟みながらも増加を続けてきましたが、今から12年前に人口は減少し始めました。2019年3月時点の概算値が1億2622万人で、2053年には1億人を下回ることが推計されています。同じ2008年には、リーマン・ショックが起きました。国外のたった一つの金融機関の破綻が、海をやすやすと越えて日本の株価を1年間で約42％も下落させるほどの大きなインパクトをもたらしました。サブプライムローンの焦げ付きに端を発するこの世界規模の金融危機は、資本主義経済が実体をともなわない不安定なものであることを露呈させました。

そして2011年には、未曾有の大災害である東日本大震災と福島原発事故が発災します。その被害は、死者15898人と行方不明者2531人だけではなく、ピーク時の避難者は40万人以上（2019年9月現在で約5万人）、建物の被害は全壊・半壊合わせて約40万戸にのぼりました。

このような私たちの生活の足元が揺らぐような出来事が21世紀の初めに立て続けに起きたわけです。けれどもその「予兆」は、もう少し早く来ていたように思えます。この「予兆」に気づけなかった、あるいは気づいていたけれど何もできなかったことが、人口減少と構造的な課題が山積する状況を作り出してしまったのではないでしょうか。21世紀を迎えようとする時代状況を振り返ると、その思いを強くします。

順序は多少前後しますが、１９９０年にバブル崩壊が始まりました。実体と離れて土地の価格が上昇し、どのように利回りを計算しても永遠に回収できないような金額で売買されるようになり、株式市場も１９８９年の年末大納会には過去最高の３万８９１５円87銭を記録しました。けれども、いわゆる「総量規制」をきっかけに１９９０年10月には株価は2万円を割り込み、バブル経済が字のごとく泡のようにはじけてしまいました。そして、１９９５年には阪神・淡路大震災が発生しました。死者６４３４人の記録は、戦後では東日本大震災に次ぐ規模の被害でした。

また見逃されがちなデータですが、同じ１９９５年には「生産年齢人口」が減少し始めました。人口減少がもたらすインパクトで最大のものは、この「生産年齢人口」の減少です。0歳〜14歳を「年少人口」、65歳以上を「高齢者人口」と呼び、その間の15歳〜64歳は「生産年齢人口」と定義されています。その推移に注目する理由は、「生産年齢人口」が社会を支える側（担税力ある世代）として位置付けられるからです。この世代の減少が始まったのは、まさに１９９５年からでした。

特にここ5年の数字を見ると高齢化のスピードをわかりやすく掴むことができます。この5年間で15歳を超えた若者は５９７万人しかないのに対し、65歳を超えた高齢者は１０１１万人もいます。生産年齢人口は15歳から64歳と世代の幅が広いので割合だけでいうと、急激な変化を感じにくいのですが、出入りで見ると愕然としたスピードを意識しないわけにはいきません。

課題山積国「日本」

そうした社会構造の変化を踏まえて地域社会を眺めると、山積する課題の多くが一昔前には存在すらしなかったことがわかります。

例えば、空き家対策。どこの自治体も打つ手に乏しく、頭を抱える課題です。けれどもかつては地方自治体が、公営住宅整備という形で土地を買い、造成をし、団地を作ることさえもした時代がありました。しかし、今では核家族化や東京一極集中が進み、全国には空き家だらけ（2018年の調査では空き家率13・6%、空き家総数約846万戸）という状況です。

防災対策もそうです。災害も多様化していて、地震だけを気にしていればいいかと言えばそうではなく、台風や大雨による土砂崩れ・洪水、自然災害による停電・断水等インフラへのダメージ、夏に40度をうかがう酷暑の発生や、冬の都心での大雪など明らかに災害の質の変化が見てとれます。また、たとえばタワーマンションの防災を考えると、停電によりエレベーターが使えなくなったり、町内会・自治会のようなコミュニティに依存できなかったり、と一昔前では想像できないような課題として迫ってきます。

他にも挙げればキリがないですが、一人暮らし高齢者の見守りや看取り、教育現場に向けられる英語やプログラミングなどの多様なニーズへの対応、道路・トンネル・橋などの老朽化対策、自然エネ・再生エネの活用など、どれも時代社会の構造的変化に伴って生じた課題ばかりです。

行政だけで解決できない地域課題を民間のリソースで

本来であれば、ここで行政の出番、とも言うべきところですが、残念ながら行政だけではこれらの課題を解決することができません。逆説的に言うならば、行政だけでは解決できないからこそ、これらの問題が顕在化していると言ってもいいと思います。なぜなら、行政は本来的には住民福祉の増進を図るために、地域課題解決をミッションとしている組織だからです。詳しくは触れませんが、職員の数も減り、自由に使える財源もなく、そもそもノウハウがない、というのが実情です。ですので、行政だけに課題解決を期待することはできません。

一方民間には、このような地域課題に対してのソリューションとなりうる、サービスやプロダクトがあります。特にテクノロジーの進展にともなって、大企業ではなくベンチャーやスタートアップと呼ばれるような企業の方が、そのスピード感や柔軟性から、より地域課題解決に資するソリューションを開発している可能性もあります。また、それらがビジネスのシーズやニーズになりえるのです。

連携の難しさは、官民それぞれに理由がある

ここで、すぐに官民がタッグを組んで地域課題に当たることができれば、解決は前に進むはずですが、

それがなかなか難しいのも実情です。

まず、そもそも行政は民間と連携することに長けていません。工事や業務を発注することには慣れていても、なかなかイコールの立場で民間と連携して課題解決に当たるということを習慣にしてこなかった組織です。ですので、どれだけ優れたソリューションを持った企業とやりとりしていても、あるいはどれだけ地域の実情をよくわかっている企業がいても、「入札」というハードルをわざわざ作ってしまいがちです。また、議会には「なぜ役所が自前でやらないのか」「地域外の企業と組むなんてとんでもない」などという横ヤリを入れてくる議員もいます。

また、公務員文化のようなものも邪魔します。特に許認可を持った部署の職員は、民間企業や市民に対してマウントポジションを取ろうとしてきます。提案書を持っていけば、重箱の隅を爪楊枝でつつくような指摘をされ、求められるままに見積書を出せば「半額で出し直して」とにべもなく言われるなど、「いわゆる業者」として下に見てくる姿勢です。また、「仕事は勘と経験と人脈でするもの」といった常識にとらわれていて、中年男性の管理職の口からは「俺の若い頃は」という言葉が普通にこぼれ出し、データやエビデンスが横に置かれて、結局市民ニーズや地域課題は履き違えられたままになることも「よくあること」です。

一方で民間も、行政と組む、という発想を最初からは持っていません。あくまで行政は、ビジネスのステージを上げていく中で壁や可能性として認識されるのであって、最初から連携する対象として事業計画に位置付けられていることは滅多にありません。さらに、行政との連携の必要性が出るくらいに成長したとしても、どうやって連携をすればいいかわからないというケースが多いのではないでしょうか。そもそもの予算決算のスケジュールを理解していることは少ないでしょうし、議会のプレッシャーの感じ方を公務員と共感することも難しいでしょう。また、一部の事業者の中には社会課題を売り物にして、行政からの補助金をひな鳥のごとく口を開けて待っていたり、「まちづくりコンサル」を名乗る謎のコンサルタントに騙されたりすることもあります。まだまだ護送船団方式や官製談合といった「古き良き時代」を夢見たりする事業者がいることも確かです。そのほか、立ち居振舞い、言葉遣い等々、役所の壁は高いようです。

だからこそ「ガバメント・リレーションズ：GR」が必要

ここで、日本版GRの必要性が明確になります。まず、言葉の定義ですが、日本版GRとは「地域課題解決のための官（政治／行政）と民（企業／NPO／業界団体等）の戦略的かつ良質な関係構築の手法」と定義づけています。これまで述べてきたように、官と民の間に横たわる深い溝に橋が架かれば、地域課題解決が前に進みます。そのためにも「官」という昭和の様相を色濃く残した組織と、「民」というスピード感やコスト意識の違う組織を結びつける技法が整っている必要があります。まさに、それが日本版GRです。

一つ注意したいのは、「Government Relations」は、英語では「ロビーイング」という意味で使われている点です。しかし、日本において「ロビーイング」というと、イメージが「業界団体の既得権益を守る」とか「特定の会社の利益を最大化する」と言った具合に手垢が付着しています。ですので、定義について正確に論じるときは「日本版GR」とするようにしています。日本では「PR：Public Relations」という言葉は人口に膾炙していますので、GRについてもその意味を想起しやすい土壌が日本語にはあります。ですので、あえて和製英語として「日本版GR」を、地域課題解決のためになくてはならない手法として、確立していきたいと考えています。

・日本版GRの分類

日本版GRという概念そのものが敷衍しているわけではないので、これまで用いられてきた手法も含めて以下に紹介したいと思います。実際は、こうした手法をベストミックスさせて課題解決に当たることが望まれます。

①アドボカシー

アドボケイト（advocate：提唱する）と語源を同じくし、「弁護」や「主張」などを意味する言葉である。そこから派生し、社会的課題の解決へ向けた市民による働きかけ、政策形成や政策変更、世論形成を促す活動を指す。

現在、ＮＰＯ・ＮＧＯでは大きく２つの意味で使われている。１つ目が政策を変えるように直接呼びかける政策提言を指し、加えて２つ目はキャンペーンや広告など課題に対し多くの人の関心を集めるための活動を指す。

②ロビーイング

個人や団体が政治的影響を及ぼすことを目的として行う政治活動のこと。古くは、ホテルのロビーでくつろぐ大統領に陳情をしたのが始まりと言われる。

日本では、業界団体等によって、その利益確保のために政治家や公務員らに陳情・圧力・献金などの活動を行うことを「ロビー活動」と呼んできたが、実際は社会課題解決のためのルールメイキングを促すためにも「ロビー活動」は有用である。

③パブリック・アフェアーズ

公共的側面からみた企業広報活動（ＰＲ活動）を指す。企業が自社のビジネス環境構築のためにステークホルダーと対話をする活動のことをいう。例えば従来にない新しい製品やサービスが世に出るとき、消費者へ向けた世論向けの活動と、規制や法律など制作関係者向けの両側面からの取り組みが必要となる。このような企業と関係のある消費者・行政・地域社会・報道機関などとのコミュニケーション全般が対象となる。

④業務支援／コンサル

主に、計画策定や調査等の業務支援活動を指す。コンサルティング、略してコンサルと称されることが多い。コンサルティングの本来の意味は「相談する」だが、対応する日本語はなく、実際の業務は相談に乗るだけでない。発注があれば、行政情報システム・計画策定・人事戦略など多岐にわたる視点から支援を行う。

⑤PPP（public private partnership）

官と民がパートナーを組んで事業を行う官民の協力形態を指す。単純に、官民連携ともよばれる。１９９０年代にイギリスで始まった民間資金を活用した社会資本整備（ＰＦＩ＝Private Finance Initiative）を発展させた概念。指定管理者制度やコンセッション方式などについても、この考え方が出発点となっている。

⑥アウトソーシング

地方公務員の総数は1994年の328万2千人をピークに減り続けるものの、市民ニーズは多様化し役所はその対応に追われている。そこで、例えば電話による問い合わせを一括して外部に委託することで、日々の業務を電話で邪魔されることなく遂行することができるようになる。また、包括委託とすることで、個々別々の部局が電話対応するよりも、横断的に対応できるためサービスレベルを高めることもできる。職員労働組合からの反発などもあり自治体によってその進捗はさまざまだが、業務の効率化や質の向上を図る手法として確立されている。

特に汎用性が高く標準化・共通化可能な業務がなじみやすい。具体的には「コールセンター業務」「代表電話案内」「庁舎総合案内」などが一般的で、「滞納債務の訪問督促」「水道メーター検診・料金徴収業務」など特徴的な事例もある。また、通常業務のBPRとシステム構築を合わせて委託し、より高い効果を上げることを狙ったアウトソーシングも、岐阜県などは古くから取り組んでいる。

⑦包括連携協定・業務連携協定

首長の権限の範囲で取り交わす、自治体と企業等との協定書。複数者による協定となることである。かつては、例えば防犯対策や情報連携のために、警察署と市役所などの異なる行政組織間で締結されることが多かったが、昨今は企業による新サービスの実証フィールドの提供などのために、民間企業等と締結されることが多くなってきている。ただ、大手企業に多い残念な事例として「協定を結ぶこと」それ自体がゴールとされているようなケースも散見される。

GRの具体的事例

最後に、GRが機能している2つの事例を取り上げたいと思います。

①小規模保育事業所

認定NPO法人フローレンス（本部・東京都千代田区）は、2010年から待機児童問題の解決のため、空き住戸を使った「おうち保育園」をスタートしました。それまで保育所の設置基準に20人以上の定員が定められていたため、この時点では任意の認可外保育施設でした。けれども、代表の駒崎弘樹氏は、都内で定員20人を受け入れるほどの土地建物がそもそもないために、慢性的な待機児童が発生していると考え、実験的な取り組みとして江東区に「おうち保育園」を開設しました。

駒崎氏は戦略的に国会議員や厚生労働省の官僚に視察を促し、その必要性を訴えました。その一方で、他の自治体も巻き込みながら16カ所で「おうち保育園」を展開し、実績づくりも行いました。２０１２年７月には「全国小規模保育協議会」という団体を作り、業界団体の代表として厚生労働省の審議会委員となり、現場からの意見を国の政策形成プロセスの中で届けていきました。その結果「小規模認可保育所」として政府の「子ども・子育て支援新制度」に位置付けられ、２０１５年から制度がスタートし現在では全国に４２００か所以上も展開する取り組みとなりました。

②電動キックボード

株式会社Ｌｕｕｐ（東京都渋谷区）は、電動キックボードをはじめとした電動マイクロモビリティのシェアリングサービスを事業としているベンチャー企業です。すでに電動キックボードのシェアリングサービスは欧米では利用が進んでおり、アメリカの「Bird」というベンチャーは、２０１７年の創業からわずか９カ月で時価総額１０００億円超え、世界最速でのユニコーン企業となっています。販売を除いたシェアリングだけでも２０２５年時点で４～５兆円に達することが見込まれているほどの市場規模です。

しかし、現在の日本の法制度では、電動キックボードは「原付バイク」と同じ扱いのため、機体にはライトやナンバープレート、利用者にはヘルメットと運転免許証などを求めることになるため、欧米での爆発的普及のような広まりが期待できないでいます。

そこで株式会社Ｌｕｕｐの代表取締役社長の岡井大輝氏はさまざまな自治体と連携し、公道ではない公園などの市有地での実証実験を行い、利用者の声や安全性に関わる実証データを取得することを模索しました。自治体にとっても、観光地最寄りの駅からのバスやタクシーが用意できない二次交通の問題や、過疎地域における公共交通のあり方などは、喫緊に解決しなければいけない地域課題です。

感度の高い自治体の首長との良質なコミュニケーションを皮切りに、２０１９年4月には国内では初となる自治体（浜松市、奈良市、四日市市、多摩市、埼玉県横瀬町）との連携協定を締結し、例えば浜松市では市立の公園内で、横瀬町とは林道とはいえ公道上で、他にも各自治体とさまざまな形態で実証実験を実施しています。まだ道半ばという段階ではありますが、３輪・４輪モデルも開発し高齢者の普段使いの足としても有効に機能させていく方針です。

また、認定ＮＰＯ法人フローレンスの事例と同様に業界団体を立ち上げました。「マイクロモビリティ推進協議会」という団体の会長に岡井氏が就任し、経済産業省の「多様なモビリティ普及推進会議」のメンバーとして積極的に発言をしています。実際に、横浜国立大学キャンパス内での実験が複数の事業者とともに「新技術等実証制度（規制のサンドボックス制度）」に認定されました。今後も国へのロビーイングと地方自治体との実証実験を重ねて、公道を走ることを前提としたビジネスモデルを描いていこうとしています。

時代とともに変わる官民連携の姿

これまでの「官民連携」の姿は、時代とともに変遷をしてきました。高度成長期には護送船団方式に象徴される関係で、官製談合などの汚点を残しながらも、官民が連携して経済のパイを拡大してきました。その後、「民活」と呼ばれる手法で、行政が行なっていた業務を民間に任せる風潮が広まり、具体的な法整備も進み、行政改革を推進していきました。また、時を同じくして「市民協働」の呼び声のもと、行政の細やかな地域での活動を、町内会やNPO・公益団体等と一緒になって行う取り組みが推奨され、行政だけでないプレーヤーが公共に関わることが一般化されてきました。

このように、いずれも「官民連携」の姿であるわけですが、一方で、冒頭に述べたように地域で起きる課題は社会構造の変化に伴って、顕在化し山積しつつあります。このタイミングで、地域課題解決という目的をはっきりと共有しながら、官と民が良質で戦略的な連携をしていくことが、将来に誇れる地域社会を残していくことにつながるのではないでしょうか。

そのためにも、その手法である「GR：ガバメントリレーションズ」をそれぞれのセクターにおけるプレーヤーが学ぶ機会や、GRの必要性を発信する機会、そしてプレーヤー同士がお互いにネットワーキングできる機会が世の中に増えていけば、地域の課題解決も前に進んでいくのではないかと思っています。

おわりに

地域へのあくなき情熱

「やっぱり！　リクルート出身なんですね!!」

　現在私は、全国各地で訪日観光客向けのプレミアムな体験コンテンツの造成・販路拡大に走り回っている。そんな中、私のプロフィールを見てまず一番に声がけいただく言葉がリクルート出身というお墨付きだ。実際、全国各地でリクルートの先輩に出会う機会も多いし、〇〇さん知っていますか？と声がけいただくことも多い。本書にも登場する方々をはじめ、リクルートOBが全国各地で活躍し、信頼関係を構築し、そして実績を上げてきた賜物だと感じている。

地域創生にはゴールはない。どこかのエリアで成功したモデルが必ずしも別の地域で通用するものでもない。そんな中、リクルートOBが各地で結果を出し続けているのは、地方創生と相性の良い4つのマインドと3つの武器があるからだと感じている。

4つのマインドとは「地域へのあくなき情熱」「現場主義」「探求心」「圧倒的当事者意識」である。地域を何とかしたい、そのためにひたすら誰かに言われるまでもなく努力し続けるマインドを持っているように感じる。

そして、実際に仕事をしていく上では、リクルートの仕事で徹底的に身につけてきた「コーディネート力」「価値の編集・発信力」「目標達成・経営力」という3つの武器を駆使して、地域の新たな未来を共有しながら多くの人を巻き込み推進していっているように感じる。だからこそ、各地における課題を一つひとつ解決でき、改善し続けられているに違いない。

地域創生においては、まずは過去の経緯やそこを取り巻く人間関係をきちんと文脈や相関図で理解し、未来の理想像を関係者の共通認識としていき、理想像を成し遂げるためのベストなキャスティングと意思決定・調整の仕組化そして持続可能な経営が必要である。こんな難易度が非常に高いことも推進していく上で、この4つのマインドと3つの武器は大いに役立っている。

リクルートOBは今も全国各地で挑戦し続け、新たなソリューションを構築しており、かもめ地域創生研究所は、日々活躍するOBとノウハウ共有を行いナレッジ化している組織でもある。この本を手に取った皆さんが、何かのヒントを掴んでアクションしてくれることを願うとともに、何か困ったことがあれば、地域創生の英知が詰まったかもめ地域創生研究所に気軽に問い合わせをしてもらえると嬉しい。日本の地域の明るい未来をこの書を手にした方々と構築できればこの上ない幸せである。

株式会社地域ブランディング研究所　代表取締役
かもめ地域創生研究所　研究員　吉田博詞

一般社団法人かもめ地域創生研究所

首長・地方自治体に対して、教育、就職、旅行、結婚、住まい、地域起こし、女性活用など生活者視点に立ったコンサルティングや人材紹介、講演、研修など、地域創生のお手伝いをすることと、優れた首長を100人輩出することを目的に設立された政策シンクタンク。現在のメンバー数はリクルートOB中心に約400名。

樫野 孝人（かしの たかひと）

1986年株式会社リクルート入社。人材開発部などを経て、福岡ドーム（現ペイペイドーム）のコンサルティング。2000年株式会社アイ・エム・ジェイの代表取締役社長に就任し、ジャスダック上場。神戸市長選挙に２度立候補するも惜敗。その後、広島県や京都府の参与や兵庫県議会議員を経て、株式会社CAP代表取締役。全国地域政党連絡協議会（地域政党サミット）相談役、かもめ地域創生研究所理事。著書に「地域再生７つの視点」「おしい！　広島県～広島県庁の戦略的広報とは何か？～」「人口減少時代の都市ビジョン」など。

山口 裕史（やまぐち ひろし）

1989年神戸新聞社入社。東京支社、経済部を中心に記者活動をした後、2001年フリーライター・編集者に転じる。現在、年間200社を超える取材を行い、多くのビジネス雑誌で記事を執筆するほか、企業のIR広報、社史、社内報などの執筆も手掛ける。また、日本酒、日本ワイン雑誌の編集にも携わっている。著書に「日本はエネルギー大国だ」など。関西大学社会学部非常勤講師（文章演習）。

リクルートOB《おーびー》のすごいまちづくり 2

2020年6月1日　初版発行

編　者　かもめ地域創生研究所
　　　　樫野　孝人
　　　　山口　裕史

発行所　CAP エンタテインメント

〒654 - 0113 兵庫県神戸市須磨区緑ヶ丘 1 - 18 - 21
TEL : 050 - 3188 - 1770　https://kashino.net/

印刷・製本／シナノ書籍印刷

落丁・乱丁本は、送料小社負担にて、お取り替え致します。
ISBN 978 - 4 - 910274 - 00 - 3　Printed in Japan